과실주 약용주

한국의 자연 약술

자연을 담는 사람들 편

The Medicinal Wine of Korea

아이템북스

머리말

자연약술을 잘 담그는 방법

건강주의 효용에 대하여

우리의 몸은 언제나 건강한 날만 있는 것은 아니다. 때로는 어깨도 쑤시고 다리가 무겁게 되며 위의 상태가 좋지 않아 식욕이 없다든지 머리가 쑤신다든지 아찔할 때가 있다든지 어딘가 모르게 몸 상태가 좋지 않은 증세를 느낄 때가 있다. 이 때에 이 책에서 소개하는 건강주는 꼭 당신의 몸에 활력을 줄 것이며, 특히 식전의 한잔, 식후의 한잔은 그날의 피로를 풀어주며, 이튿날 아침에는 새로운 스태미너를 갖게 해줄 것이다.

그리고 이 건강주는 신체상뿐만 아니라 정신활동에도 큰 도움이 될 것이다. 그런 뜻에서 강정강장(强精强壯)의 명약으로 알려진 것을 중심으로 설명하려고 한다. 한 가지 생약에도 상당히 복잡한 효과가 포함되어 있는데, 효과 있는 건강주를 혼합하여 사용한다는 것은 그 효과가 한층 더 증가될 수 있는 것이다. 과실주는 두세 가지 등으로 몇 종류를 혼합하여 사용해도 조금도 독성이 없다. 다만 그 용량은 지나치게 마시면 좋지 않다.

재료는 어디서 구하나

건강주의 재료에 쓰이는 것은 자양주에 사용하는 생과(生果)와 달라서 한방약, 또는 생약(生藥)을 사용한다. 이것은 전국 어디든 한방약, 건재상에서 구할 수 있다. 구할 때는 너무 묵은 것은 향기가 없어졌다든지 맛의 변질도 있고 벌레 먹은 것도 있으니 주의해서 골라 사용해야 한다.

건강주에도 감미료를 사용한다.

미림, 꿀 등을 가미하면 마시기 편리한 술이 되고 마신 뒤 탈을 막기 위해 좋다. 특히 꿀을 가미하면 상승작용으로 더욱 좋은 건강주가 된다.

생약의 성분을 충분히 침출시킨다.

건강주를 만들 때는 알코올 도수가 높은 것이 더욱 좋다. 그러나 구하기 힘들면 역시 25도의 소주를 사용하면 된다. 생과(生果)를 사용할 때보다 생약을 사용할 때는 그 양의 3~5배까지 소주를 사용한다. 생약은 한방 건재상에서 구하면 비교적 값이 싸고 쉽게 구할 수 있어 편리하며, 성분 침출 중에는 냉암소에 가만히 두면 된다.

그리고 그 생약 성분에 따라 침출 기간이 다르다. 일단 성분을 침출시킨 찌꺼기는 건져내어 짜내고, 맑은 건강주는 보존병으로 옮기는데 그 때 꿀을 가미해 두면 좋다. 모든 건강주는 언제까지 두어도 부패한다거나 맛이 변한다거나 약효가 없어지는 일은 없다. 보존장소로는 되도록 광선이 들어오지 않은 곳이면 어느 곳이든 무방하다.

그리고 나서 적어도 2~3개월 후부터 마시기 시작하면 진맛(眞味)을 얻을 수 있고, 약효도 크게 기대할 수 있다. 건강주는 급속한 효력을 얻기 위해 한번에 다량으로 마시거나 하루에 몇 번이나 마시는 것은 좋지 않다. 오로지 여유있게 알맞은 양을 오래 계속하는 것만이 건강주의 효과를 얻을 수 있다. 작은 잔으로 식전, 혹은 식후에 한 잔 정도가 제일 적당하다. 건강주도 자양주 못지않게 방향미미(芳香美味)한 술도 있다.

그러나 대체로 자양주보다 감미로운 맛은 못되고, 향기도 맛도 별로 좋지 않다. 그러나 몸을 정상적으로 만들고 병환을 고쳐준다고 하면 그 맛에만 치중할 것만도 아니다. 자양주와 칵테일을 한다든지 마시는 방법을 연구하면 얼마든지 즐겁게 마실 수 있다.

참고

생약초는 잘 씻는 것을 잊어서는 안된다. 시판되는 생약은 온갖 먼지

가 있어 불결하기 때문이다.

독초(毒草)에 세심한 주의를 해야 한다.

　산야에 자생하는 식물 중에는 얼핏 보기에는 맛이 좋아 보이는 것, 또는 색깔이 예쁘고 탐스러운 과실, 버섯 등이 있지만 1개만 먹어도 독이 함유되어 죽음을 초래하는 위험한 것이 많다. 그래서 독초가 아니라도 잘 알지 못하는 식물로서 독단적으로 술을 담그는 일은 없어야겠다. 채취에 앞서 식물도감으로 잘 조사하여 어느 식물이 어느 과에 속해 있는가를 잘 알아 두는 것이 옳다.

　또 채취한 식물은 일단 그 방면에 조예가 깊은 한약건재상이나, 혹은 식물전문가에게 문의해 보는 것도 좋은 방법이다. 그러나 무리한 채취보다 믿을 만한 한약건재상에서 구하는 것이 안심할 수 있고, 또 편리하다고 할 수 있겠다. 그러나 재료를 채취한 지 오래되어 그 원형조차도 구별하기가 힘들 경우에는 제아무리 전문가라 하더라도 구별하기란 그다지 쉬운 일은 아니다. 따라서 무리한 채취보다는 한약건재상에서 손쉽게 구하는 것이 안전한 방법이라 하겠다.

차례

머리말 • 4

가막사리술 • 10
감나무주 • 12
감초술 • 14
개다래술 • 16
거지덩굴주 • 18
건중술 • 20
검은콩술 • 22
겨우살이주 • 24
고본술 • 26
고추술 • 28
골담초주 • 30
구절초주 • 32
구기자술 • 34
구기 황정술 • 36
국화주 • 38
귤술 • 40
깻잎술 • 42
난주(蘭酒) • 44

녹나무주 • 46
녹용술 • 48
다래술 • 50
당귀술 • 52
대추술 • 54
도라지술 • 56
두충술 • 58
독계산술 • 60
마늘주 • 62
맥문동술 • 64
모과주(목과주) • 66

목단(모란)주 • 68
민들레주 • 70
박하주 • 72
버찌술 • 74
베고니아술 • 76
인삼술 • 78
부추술 • 80
비파술 • 82
사상자술 • 84

사시나무(백양수피)주 • 86
산딸기주(복분자주) • 88
산사자술 • 90
산수유술 • 92
산수유황궁술 • 94

산약술 • 96
산용술 • 98
산초술 • 100
살구술 • 102
삼백초주 • 104
삼지구엽초 여정자 질이자술 • 106
삽주주 • 108
생강주 • 110
선령비술 • 112
선인장술 • 114
소생진피술 • 116
송엽주 • 118
송이주 • 120
숙지황술 • 122

쑥술 • 124
아출술 • 126
알로에주 • 128
앵두술 • 130
양귀비술 • 132
양노술 • 134
양심술 • 136
양위회춘술 • 138
엄나무주 • 140
엉겅퀴주 • 142
오가피술 • 144

오디주 • 146
오미자술 • 148
오징어술 • 150
옥죽술 • 152
용안술 • 154
우산나물주 • 156
우슬술(쇠무릎) • 158
우향연육술 • 160
원지 오미자 대추술 • 162

유자주 • 164
육종용술 • 166
율무주 • 168
음양곽술 • 170
익모사물술 • 172
익모초술 • 174
인동술 • 176
인삼술 • 178
자실술 • 180
자작나무주 • 182
차조기주 • 184
창포주 • 186
정향술 • 188
제비꽃술 • 190
죽순주 • 192
쥐똥나무주 • 194
진달래술(두견주) • 196
천문동술 • 198
찔레술 • 200
치자술 • 202

칠보술 • 204
취술 • 206
탱자주 • 208
토사자술 • 210
팽나무주 • 212
하늘타리주 • 214
하수오술 • 216
합개술 • 218
해당화술 • 220
홍화주 • 222
황기술 • 224
황정술 • 226
회향후박술 • 228

먹어서는 안 되는 독毒풀 • 230

한방 용어 • 237

가막사리술

가막사리는 민간에서는 치통·통풍·관절염·류머티즘에 사용되었다. 동물시험에서 진정·혈압강하·자궁수축작용이 나타났다.

▶ 약제의 효능

기관지염·장염·건위·인후염·임파선염·편도선염·폐결핵·해열·습진·이질·위염·위궤양 등에 효능이 있다. 습진·옴·버짐에는 생즙이 좋다.

▶ 준비할 재료

가막사리 120g · 소주 2ℓ · 설탕 10g.

▶ 약술 만드는 방법

1. 가막사리 잎·줄기·꽃을 씻어 햇볕에 말린다.
2. ❶을 주둥이가 넓은 용기에 넣는다.
3. ❷에 소주를 붓고 설탕을 넣어 밀봉한 다음 서늘한 곳에 둔다.
4. 침전을 막기 위해 5일 동안 하루에 한 번씩 용기를 흔들어준다.
5. 3개월 후에 천으로 생약건더기를 걸러내면 완성된다.

▶ 음용하는 방법

식전에 소주잔 1잔씩 하루 2~3회 마시면 된다.

감나무주

감은 비타민 C가 많이 함유된 과일이며, 곶감은 설사를 멈추게 한다.

▶ 약재의 효능

감은 멀미 · 코피 · 숙취해소 · 토혈 · 돼지고기에 체한데 효능이 있다. 열매꼭지는 딸꾹질 · 구토 · 숙취 · 고혈압 · 신경통 · 혈액순환 · 야뇨증 · 백일해 · 설사등에 좋다.

▶ 준비할 재료

감꼭지 150g · 소주 2ℓ.

▶ 약술 만드는 방법

1. 감꼭지를 응달에서 말린다.
2. 말린 감꼭지를 깨끗하게 씻는다.
3. ❷를 주둥이가 넓은 용기에 넣는다.
4. ❸에 소주를 붓고 밀봉해 서늘한 곳에 둔다.
5. 침전을 막기 위해 5일 동안 하루에 한 번씩 용기를 흔들어준다.
6. 3개월 후 천으로 건더기를 걸러내면 완성된다.

▶ 음용하는 방법

끼니 사이에 소주잔 1잔씩 2회 마시면 된다.

감초술

한방에서는 공통으로 쓰이는 약재로 심한 기침과 목구멍 통증을 완화시키고 신경통·생리통·복통·기침·수족경련·위경련·위통·식중독·강장·피로·이뇨·식욕증진 등에 좋다.

▶ 약재의 효능

오장(심장·폐·간·신장·비장)을 개선해주고 당뇨·위궤양·편도선염·요통·인후염 등에 효능이 있다.

▶ 준비할 재료

잘게 썬 감초 100g · 소주 2ℓ · 설탕 10g.

▶ 약술 만드는 방법

1. 준비된 감초를 주둥이가 넓은 용기에 넣는다.
2. ❶에 소주를 붓고 설탕을 넣어 밀봉한 다음 서늘한 곳에 둔다.
3. 침전을 막기 위해 5일 동안 하루에 한 번씩 용기를 흔들어준다.
4. 3개월 후 천으로 생약건더기를 걸러내면 완성된다.

▶ 음용하는 방법

식전에 150㎖씩 하루에 3회 마시거나 장복을 위해서는 3일에 한번 복용하면 된다.

한국의 자연 약술 | 15

개다래술

개다래술은 옛날부터 통풍·이뇨·관절염·월경불순 치료 등에 널리 사용되었다. 잎과 줄기, 열매는 고양이의 침을 흘리게 하는 B-페닐알콜에 틸 성분이 함유되어 있다. 이밖에 악티니디올리드·디히드로악티니올리드(차 향기성분의 일종) 등도 함유되어 있다. 익은 열매는 아스코르빈산이 들어 있어 맛이 쓰고 떫고 맵다.

▶ 약재의 효능

민간에서 강장제로 사용되었으며 진통·냉통 등에 좋다. 또한 신경통·강심·강정·강장작용이 뛰어나고 쾌면까지 도와준다.

▶ 준비할 재료

말린 개다래열매 150g · 소주 2 l · 설탕 15g.

▶ 약술 만드는 방법

1. 깨끗이 씻어서 말린 개다래열매를 준비한다.
2. 주둥이 넓은 용기에 개다래·소주·설탕을 넣는다.
3. 주둥이를 밀봉한 다음 서늘한 곳에 둔다.
4. 3개월 후에 개봉하면 노란색 약술이 완성된다.

▶ 음용하는 방법

아침 식전 소주잔 1잔씩 장기 복용한다.

거지덩굴주

거지덩굴은 맛이 쓰고 시며 성질이 차지만, 독이 없다. 심장, 간, 위를 다 스린다. 따라서 열을 내리고 습을 체외로 배출해 해독시키면서 부기를 가라앉힌다. 그래서 옹종·정창·유행성 이하선염·단독·풍통·황달·요혈 등을 치료한다. 해열·동상·간염·인후염에도 효과가 있다

▶ 약제의 효능

거지덩굴은 성질이 차가우며 해독작용이 뛰어나 화농성 감염증·화농성 여드름·외상·습진·피부염 등에 효과가 좋다.

▶ 준비할 재료

거지덩굴 말린 것 150g · 소주 2*l* .

▶ 약술 만드는 방법

1. 거지덩굴을 잘게 썰어 용기에 넣는다.
2. ❶에 소주를 붓고 밀봉해 서늘한 곳에 둔다.
3. 침전을 막기기 위해 5일 동안 하루에 한 번씩 용기를 흔들어준다.
4. 4개월 후 천으로 생약건더기를 걸러내면 완성된다.

▶ 음용하는 방법

끼니 사이에 소주잔 1잔씩 하루 2~3회 마시면 된다.

건중술

가양주이면서 계피·작약·대추·자감초·생강·소주·벌꿀 등을 이용하여 빚은 약용주이다.

▶ 약재의 효능
건중술은 허약체질·식욕부진·감기에 효능이 있다.

▶ 준비할 재료
계피 10g · 작약뿌리 20g · 대추 10g · 자감초(생감 초에 꿀을 넣어 불에 볶은 것) 10g · 생강 5g · 소주 1l · 벌꿀 30g.

▶ 약술 만드는 방법
1. 생약들을 용기에 넣고 소주를 붓는다.
2. 밀봉하여 시원한 곳에 보관한다.
3. 4~5일 동안 매일 한 번씩 용기를 흔들어준다.
4. 10일이 되면 생약 건더기를 천으로 걸러낸다.
5. 걸러진 술을 용기에 다시 붓고 벌꿀을 섞는다.
6. 생약건더기 1/4를 다시 넣고 밀봉해 서늘한 곳에 둔다.
7. 한 달 후 윗부분의 맑은 술만 따라낸다.
8. 완성된 술은 달콤한 맛이 나고 부드러운 갈색이다.

▶ 음용하는 방법
매 식전에 20ml씩 하루 3번 마신다.

▲ 작약과 작약 뿌리

▼ 계피

▲ 생강   대추 ▶

검은콩술

검은 콩은 필수아미노산이 풍부한 식물성 단백질 식품으로 항암물질인 사포닌·이소플라본 등을 함유하고 있다.

▶ 약재의 효능
검은콩은 일반 콩과 달리 노화방지성분이 높고 성인병예방과 다이어트에도 좋다. 혈관을 깨끗하게 하고, 콜레스테롤을 저하시키고, 정상혈압으로 유지시켜주고, 피부탄력과 생기를 부여하고, 탈모증세에 좋고, 배뇨를 쉽게 해준다.

▶ 준비할 재료
검은콩 200g · 소주 1ℓ.

▶ 약술 만드는 방법
1. 검은콩을 물에 씻고 물기를 제거한다.
2. 주둥이가 넓은 용기에 콩을 넣고 소주를 붓는다.
3. 용기의 주둥이를 밀봉한다.
4. 한 달 동안 통풍이 잘되고 서늘한 곳에 둔다.
5. 콩 찌꺼기를 걸러내고 술을 병에 부어 냉장고에 보관하면 된다.

▶ 음용하는 방법
아침 저녁으로 소주잔 1잔씩 마시면 된다.

겨우살이주

겨우살이를 한방에서는 약성이라고 부르며 간과 신장경락을 다스리고 거풍습작용을 한다.

▶약재의 효능

우수한 항암식물의 하나로 위암·신장암·폐암 등을 억제한다. 또한 고혈압·신경통·관절염·월경과 출혈에 효과가 좋다. 이뇨작용·안신작용·간경화·결핵성 당뇨병에도 좋다.

▶준비할 재료

겨우살이 150g · 소주 2 l .

▶약술 만드는 방법

1. 겨우살이 잎을 깨끗하게 씻어 말린다.
2. ❶을 주둥이가 넓은 용기에 넣는다.
3. ❷에 소주를 붓고 밀봉해 서늘한 곳에 둔다.
4. 침전을 막기 위해 5일 동안 하루에 한 번씩 용기를 흔들어준다.
5. 10개월 후에 천으로 생약건더기를 걸러내면 완성된다.

▶음용하는 방법

식후 소주잔 1잔씩 하루 3회를 마시면 된다.

고본술

지황과 인삼·맥문동 등을 넣어 만든 약용주로, 사용하는 약재는 모두 자양강장 효과가 있다.

▶ 약재의 효능

무기력함과 피로·권태·몸이 마르고 피부가 거칠어진 경우·식욕부진·구갈증 등을 치료하는 데에 효과적이다.

▶ 준비할 재료

생지황 70g·인삼 30g·맥문동 70g·천문동 70g·소주 4ℓ·설탕 100g.

▶ 약술 만드는 방법

1. 준비한 생약을 가늘게 썰어 용기에 담고 소주를 붓고 밀봉한 다음 서늘한 곳에 둔다. 4~5일 동안은 매일 1회 정도 용기를 흔들어준다.
2. 10일 후에 생약건더기를 걸러낸다. 술을 용기에 다시 붓고 설탕을 넣어 녹인다. 여기에 생약건더기 1/4를 넣고 밀봉해 서늘한 곳에 둔다.
3. 한 달 후 윗부분의 맑은 흑색 술을 따라낸다.
4. 천으로 생약건더기를 걸러내고 ❼의 술과 합치면 완성된다.

▶ 음용하는 방법

끼니 중간에 20㎖씩 하루 2회 마신다.

❶ 생지황 ❷ 인삼 ❸ 맥문동 ❹ 천문동

고추술

고추술은 머리털이 빠지는 것을 예방해주고 냉증에 효과가 있으며, 식욕 증진과 위장활동 및 신경통에 매우 좋다.

▶약재의 효능

고추에는 비타민 C가 풍부해 신체로 침입한 바이러스를 막아주는 효능이 있다. 위액분비를 촉진시켜 소화불량을 해결하고 매운맛으로 인해 식욕 부진을 벗어나게 해준다.

▶준비할 재료

말린 붉은 고추 20개 · 레몬 5개 · 소주 2l.

▶약술 만드는 방법

1. 마른 고추를 깨끗하게 닦아 썰어둔다.
2. 레몬은 4쪽으로 잘라둔다.
3. ❶과 ❷를 주둥이가 넓은 용기에 넣는다.
4. ❸에 소주를 붓고 밀봉해 서늘한 곳에 둔다.
5. 침전을 막기 위해 5일 동안 하루에 한 번씩 용기를 흔들어준다.
6. 3개월 후에 천으로 건더기를 걸러내면 완성된다.

▶음용하는 방법

자기 전에 소주잔 반잔씩 하루에 1회 마시면 된다.

골담초주

골담초는 뼈의 질환을 돕는 약초로 관절염·신경통·고혈압 등에 효과가 좋다. 더구나 풍기를 제거하고 통증을 완화시키며 혈압강화와 폐 기능을 보하고 비·위장·소화기를 튼튼하게 해준다.

▶ 약재의 효능

이뇨·관절염·각기·불면증·위장질환·백대하·무월경·생리불순·통풍·요통·해수·어지름·허약체질·유선염·설사·신경통·근육통·관절염·요통 등에 효과가 있다.

▶ 준비할 재료

말린 골담초 뿌리 200g · 소주 2*l* .

▶ 약술 만드는 방법

1. 말린 골담초 뿌리를 깨끗하게 씻어둔다.
2. ❶을 주둥이가 넓은 용기에 넣는다.
3. ❷에 소주를 붓고 밀봉해 서늘한 곳에 둔다.
4. 5일 동안 하루에 1번씩 용기를 흔들어준다.
5. 6개월 후에 천으로 생약건더기를 걸러내면 완성된다.

▶ 음용하는 방법

식전에 소주잔 1잔씩 하루 3회 마시면 된다.

한국의 자연 약술

구절초주

구절초주는 성질이 따뜻해 손과 발을 데워주면서 혈액순환을 원활하게 해준다.

▶ 약재의 효능

불임과 여성들이 방광염·냉증에 효능이 있다.
감기로 약해진 기관지에 나타나는 기침이나 가래를 멈추게 하고 설사를 멎게 하거나 예방해준다.

▶ 준비할 재료

구절초 100g · 설탕 100g · 소주 2l .

▶ 약술 담그는 방법

1. 구절초의 줄기와 잎과 꽃을 채취해 그늘에서 말린다.
2. ❶을 깨끗하게 씻어 주둥이가 넓은 용기에 넣는다.
3. ❷에 소주를 붓고 밀봉해 서늘한 곳에 둔다.
4. 침전을 막기 위해 4일 동안 하루에 1번씩 용기를 흔들어준다.
5. 한 달 후 생약건더기를 걸러내고 설탕을 넣는다.
6. ❺에 생약건더기 1/10을 넣고 밀봉해 서늘한 곳에 둔다.
7. 4개월 후에 생약건더기를 걸러내면 완성된다.

▶ 음영하는 방법

식전에 소주잔 1잔씩 하루에 3회 마시면 된다.

구기자술

구기나무는 가지과의 낙엽활엽관목으로 다른 한약재와 달리 많이 섭취해도 부작용이 없다. 열매인 구기자는 한방에서 소갈과 도한 등의 해열제로 쓰인다.

▶ 약재의 효능

거풍·통기·중풍·안면 신경마비·산통·요통 등에 좋다. 또한 자양강장·허약체질·무력감·체력회복·현기증·허리와 무릎통증에 효과가 있다.

▶ 준비할 재료

구기자 100g · 소주 1l · 설탕 70g · 미림 30㎖ · 벌꿀 20㎖.

▶ 약술 만드는 방법

1. 선홍색의 구기자를 주둥이가 넓은 용기에 넣는다.
2. ❶에 소주를 붓고 밀봉하여 서늘한 곳에 둔다.
3. 5일 동안 매일 1회 정도 용기를 흔들어준다.
4. 2주가 지나면 마개를 열고 술을 천으로 거른다.
5. 술을 용기에 다시 붓고 설탕·미림·벌꿀을 넣는다.
6. ❺에 구기자 찌꺼기 1/4를 다시 넣고 밀봉해 둔다.
8. 한 달 후에 윗부분의 맑은 술만 따라낸다.

▶ 음용하는 방법

아침·저녁 식전이나 끼니 사이에 20㎖씩 하루 2회 마신다.

구기 황정술

구기자와 황정을 섞어 만든 약술이다. 황정은 층층둥굴레의 한방 명칭이다.

▶ 약재의 효능

구기자와 황정은 체질이 약한 사람이 과도한 성생활로 빚어지는 피로권태 · 안색불량 · 발기부전 · 거칠어진 피부 등에 효과적이다.

▶ 준비할 재료

구기자 50g · 황정 50g · 소주 1l · 설탕 50g · 벌꿀 40g.

▶ 약술 만드는 방법

1. 통구기자와 짧게 썬 황정을 주둥이가 넓은 용기에 넣고 소주를 붓고 밀봉하여 서늘한 곳에 둔다.
2. 4~5일 동안 매일 1회 정도 용기를 흔들어준다.
3. 10일 후 생약건더기를 걸러내고 설탕, 꿀을 넣는다.
4. ❸에 생약건더기 1/4를 넣고 밀봉해서 서늘한 곳에 둔다.
5. 한 달 후 생약건더기를 걸러내면 흑갈색의 술이 완성된다.

▶ 음용하는 방법

식전이나 끼니 사이에 20ml씩 하루 2~3회 마신다.

위_구기자　　**아래**_황정

국화주

국화주는 오래 전부터 불로장수 약주로 알려져 있다.

▶ 약재의 효능

국화꽃에는 트리메칠싸이크로핵산, 마보시릭, 아카세틴 등이 들어있어 두통과 청열해독 및 피로한 눈·노안·백내장에 효과가 있다. 잎과 줄기의 아데닌·쵸린스타치드린 성분이 들어 있어 간을 보하며 눈을 밝게 해준다. 노화예방·식욕증진·건위·정장 등에 좋다.

▶ 준비할 재료

건조시킨 국화 100g · 소주 2*l* · 설탕 20g.

▶ 약술 만드는 방법

1. 건조시킨 국화를 깨끗하게 씻어서 물기를 제거한다.
2. ❶을 주둥이가 넓은 용기에 넣는다.
3. ❷에 소주를 붓고 설탕을 넣어 밀봉한 다음 서늘한 곳에 둔다.
4. 침전을 막기 위해 4일 동안 하루에 1번씩 용기를 흔들어준다.
5. 3개월 후 천으로 건더기를 걸러내면 완성된다.

▶ 음용하는 방법

식전에 소주잔 1잔씩 하루 3회 마시면 된다.

귤술

귤나무는 상록과수이고 높이가 2~4m가량 자라며 열매는 귤인데, 귤껍질(진피)은 한방에서 약재로 사용된다.

▶ 약재의 효능
귤은 비타민 C · 구연산 · 과당 등이 풍부해 피로회복 · 감기 · 피부미용 · 식욕증진 · 불면증 등에 좋다.

▶ 준비할 재료
귤 10개 · 소주 1ℓ.

▶ 약술 만드는 방법
1. 귤 10개를 깨끗이 씻어 물기를 제거한다.
2. 귤 5개를 껍질째 둥글게 4쪽으로 썬다.
3. 나머지 귤 5개는 껍질을 벗겨 둥글게 두 쪽으로 썬다.
4. ❷와 ❸을 용기에 넣고 소주를 붓고 밀봉한다.
5. 한 달 후 향과 쓴맛이 강하면 껍질째 넣은 귤을 건져 즙을 짜고 버린다.
6. ❺를 밀봉하여 2개월 동안 서늘한 곳에 두면 완성된다.
7. 장기보존을 원하면 찌꺼기를 걸러내고 병에 옮겨 보관하면 된다.

▶ 음용하는 방법
별도의 음용방법은 없지만, 과음하면 좋지 않다.

한국의 자연 약술 | 41

깻잎술

철분과 칼륨 등의 무기질이 많은 알칼리성 식품이기 때문에 동물성 기름을 중화 및 해독하고 신진대사를 도와준다.

▶ 약재의 효능

비타민 C가 많아 말초혈관을 강화해 신경통을 예방한다. 또한 식욕증진·쾌변·감기·피로회복·저혈압 등에도 좋다.

▶ 준비할 재료

깻잎 200g, · 소주 2*l* · 설탕 30g.

▶ 약술 만드는 방법

1. 깻잎을 깨끗하게 씻어 물기를 뺀다.
2. ❶을 주둥이가 넓은 용기에 넣는다.
3. ❷에 소주를 붓고 설탕을 넣어 밀봉해 서늘한 곳에 둔다.
4. 4일 동안 하루에 1번씩 용기를 흔들어준다.
5. 한 달 후 잎을 헝겊에 싼 다음 술을 짜내고 찌꺼기는 버린다.
6. ❺를 다시 밀봉해 서늘한 곳에 둔다.
7. 2개월 후면 완성된다.

▶ 음용하는 방법

소주잔 1잔씩 하루 1회 마시면 된다. 자기 전에 마시면 냉증과 손발 저림이 해소된다.

난주(蘭酒)

난초는 외떡잎식물 가운데 가장 아름답고 향기가 진한 꽃을 피운다. 우리나라에는 난초·석곡·풍란·보춘화 등이 분포되어 있다.

▶ 약재의 효능

난을 한방에서 '구절충'으로 부르며, 해독·강장·건위·해열·정신안정·허약체질·심한 기침·토혈·편도선염·당뇨 등에 효능이 높다.

▶ 준비할 재료

말린 난(종류와 상관 없음)꽃 100g · 소주 2ℓ · 설탕 150g.

▶ 약술 만드는 방법

1. 말린 난꽃을 깨끗하게 씻어서 물기를 제거한다.
2. ❶을 주둥이가 넓은 용기에 넣는다.
3. ❷에 소주를 붓고 설탕을 넣어 밀봉해 서늘한 곳에 둔다.
4. 침전을 막기 위해 5일 동안 하루에 1번씩 용기를 흔들어준다.
5. 2개월 후 천으로 건더기를 걸러내면 완성된다.

▶ 음용하는 방법

소주잔 1잔씩 하루 1회 마시면 된다.

한국의 자연 약술 | 45

녹나무주

봄에 노란 꽃이 피고 열매는 가을에 짙은 자주색의 장과(漿果)를 맺는다. 줄기·가지는 약용하고 나무는 건축재·가구재 등으로도 사용된다.

▶ 약재의 효능

녹나무는 중이염치료·위장통, 뱃속이 뻐근해 소화가 안 되고 가슴이 답답하면서 가래가 많을 때에 효과가 좋다. 식중독으로 구토와 설사를 할 때, 해열·신경통·치통·건위·간염 등에도 탁월하다.

▶ 준비할 재료

말린 녹나무껍질 200g · 소주 2ℓ.

▶ 약술 만드는 방법

1. 녹나무껍질을 깨끗이 씻어둔다.
2. ❶을 주둥이가 넓은 용기에 넣는다.
3. ❷에 소주를 붓고 밀봉해 서늘한 곳에 둔다.
4. 6개월 후 천으로 찌꺼기를 걸러내면 완성된다.

▶ 음용하는 방법

식전이나 끼니 사이에 소주잔 1잔씩 하루 2회 마시면 된다. (기호에 따라 꿀을 첨가해도 괜찮다.)

녹용술

늦봄에 사슴뿔이 떨어지고 그곳에 새 뿔이 자라는데, 이것이 녹용이다. 녹용은 부드러운 털로 덮여 있고 혈관이 많이 들어 있으며 칼슘이 많다.

▶ 약재의 효능

녹용의 성분은 콜라젠·인삼칼슘·탄산칼슘·단백질 등으로 신체의 기가 허하고 몸이 냉할 때에 좋다. 특히 발기부전·집중력·사고력·기억력·불임증 등에 효과가 있다. 하지만 열이 많은 사람이 섭취하면 좋지 않다.

▶ 준비할 재료

녹용 20g · 소주 1ℓ · 설탕 100g.

▶ 약술 만드는 방법

1. 얇게 썬 녹용을 주둥이가 넓은 용기에 넣는다.
2. ❶에 소주를 붓고 밀봉하여 서늘한 곳에 둔다.
3. 이틀 정도 매일 1회씩 용기를 흔들어준다.
4. 10일 후 설탕을 넣고 밀봉한 다음 서늘한 곳에 둔다.
5. 2개월 이상 지난 다음 녹용찌꺼기를 걸러내면 완성된다.

▶ 음용하는 방법

저녁 식전에 20㎖씩 하루에 1회 마신다.

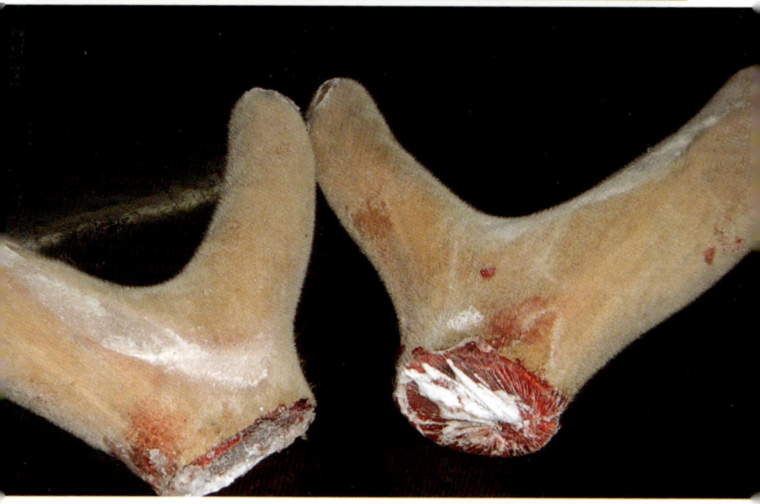

한국의 자연 약술 | 49

다래술

다래의 맛은 키위처럼 새콤달콤한데, 다래를 구하기 어려우면 키위를 사용해도 된다.

▶ 약재의 효능

다래는 자당·과당·탄닌·비타민C·유기산 등이 풍부해 미용·피로회복·강정강장·보혈·불면증 등에 좋다. 병후 기력회복·식욕증진·진통작용·갈증해소·부인냉병·여성 성기능장애 등에 좋고 방광에 걸린 결석으로 나타나는 열도 내려준다.

▶ 준비할 재료

다래 400g · 소주 2*l* · 설탕 15g.

▶ 약술 만드는 방법

1. 다래를 깨끗이 씻어 물기를 제거한다.
2. ❶을 주둥이가 넓은 용기에 넣는다.
3. ❷에 소주를 붓고 설탕을 넣는다.
4. 용기를 밀봉한 후 6개월 동안 서늘한 곳에 두면 완성된다.

▶ 음용하는 방법

정해진 음용방법은 없지만 과하게 섭취하면 비와 위가 냉해지면서 설사가 나타난다.

당귀술

당귀는 미나리과의 다년초로 여성을 위한 약초로 각종 부인병에 좋다.

▶약재의 효능

자궁의 기능을 조절해 주고 진정과 진통효과가 있어 불면, 정신불안에도 사용된다. 또한 피로회복·산후회복·진정·보혈·기타 부인병·식욕증진에 뛰어나다.

▶준비할 재료

당귀 100g · 소주 1ℓ · 설탕 100g · 미림 25㎖.

▶제조법

1. 잘게 썬 당귀를 주둥이가 넓은 용기에 넣는다.
2. ❶에 소주를 붓고 밀봉해 서늘한 곳에 둔다.
3. 5일 동안은 1일 1회 정도 용기를 흔들어준다.
4. 10일 후 천으로 찌꺼기를 걸러낸다.
5. ❹에 설탕, 미림을 넣고 생약찌꺼기 1/10을 넣는다.
6. ❺를 밀봉하여 서늘한 곳에 둔다.
7. 한 달 후에 찌꺼기를 걸러내면 완성된다.

▶음용하는 방법

아침, 저녁 식전이나 끼니 사이에 20㎖씩 하루 2회 마신다.

대추술

대추는 색이 붉다 하여 홍조(紅棗)라고도 하는데, 홍조는 찬 이슬을 맞히며 건조한 것이라야 양질의 대추가 된다.

▶ 약재의 효능

대추는 위장기능을 조절하고, 자양보정에 좋다. 또한 기를 안정시키고 갈증을 제거하며 식욕증진에도 으뜸이다. 이밖에 쇠약한 내장을 회복시키고 이뇨효과도 뛰어나다.

▶ 준비할 재료

대조(대추) 150g · 소주 1ℓ · 설탕 100g.

▶ 약술 만드는 방법

1. 건조시킨 대추를 잘게 썰어 용기에 담는다.
2. ❶에 소주를 붓고 밀봉하여 서늘한 곳에 보관한다.
3. 5일 동안은 1일 1회 정도 용기를 흔들어준다.
4. 7일이 지나면 찌꺼기를 천으로 걸러내고 설탕을 넣는다.
5. ❹에 생약찌꺼기 1/10을 넣고 밀봉해 서늘한 곳에 둔다.
6. 한 달이 지나면 맑은 술을 따라낸다.
7. 남은 찌꺼기를 걸러내고 ❻과 합치면 완성된다.

▶ 음용하는 방법

식전에 30㎖씩 하루에 2~3회 마신다.

한국의 자연 약술

도라지술

뿌리는 굵고 인삼과 비슷한데, 백도라지·겹도라지·한겹도라지 등이 있으며 식용과 거담제로 사용된다.

▶ 약재의 효능

주성분은 사포닌이며, 이눌린, 히트스테롤 등도 들어 있어 기침과 가래를 삭이는 등 호흡기 질환과 폐를 맑게 해준다. 주의할 점은 돼지고기와는 상극이기 때문에 함께 먹어선 안 된다.

▶ 준비할 재료

도라지 뿌리 600g · 소주 2l.

▶ 약술 만드는 방법

1. 뜨물에 도라지를 씻은 다음 물기를 제거한다.
2. ❶을 3cm의 길이로 자른다.
3. ❷를 용기에 넣어 소주를 붓고 밀봉해 서늘한 곳에 둔다.
4. 6개월을 숙성하면 완성된다.

▶ 음영하는 방법

식전에 마시면 식욕을 북돋워준다. 씁쌀한 맛을 제거하기 위해 꿀이나 설탕 등을 가미해도 된다.

두충술

두충(杜沖)의 다른 이름은 두중(杜仲)인데, 이것은 한방명이다. 두충 잎은 사중·사선·면화·옥사피·당두중 등으로 불리고 껍질과 잎에서 하얀 실이 나온다 하여 목면이라고도 했다.

▶ 약재의 효능

두충의 주성분은 이소플렌 중합체인 구터펠카 고무질 성분으로 다리에 힘이 없거나, 요통·진정·생식기능·혈압조절 등에 좋다.

▶ 준비할 재료

두충 100g · 소주 1*l* · 설탕 100g.

▶ 약술 만드는 방법

1. 잘게 썬 두충을 용기에 넣는다.
2. ❷에 소주를 붓고 밀봉해 서늘한 곳에 둔다.
3. 5일 동안 1일 1회 용기를 흔들어 침전을 막는다.
4. 10일 후 찌꺼기를 거른 후 설탕을 넣는다.
5. ❹에 생약찌꺼기 1/10을 넣고 서늘한 곳에 둔다.
6. 한 달 후에 찌꺼기를 천으로 걸러내면 완성된다.

▶ 음용하는 방법

끼니 사이에 20*ml*씩 1일 2~3회 마시면 된다.

독계산술

독계산(禿鷄散)이란 닭을 대머리로 만든다는 뜻인데, 이 술에 쓰이는 한약재료를 수탉이 먹고 밤낮으로 암탉에게 올라타서 암탉머리를 대머리로 만들었다는 일화에서 유래하였다.

▶ 약재의 효능

허리와 하반신 쇠약을 막고 성기능을 촉진시켜주며, 발기력을 높여 정력을 강하게 해준다.

▶ 준비할 재료

사상자 20g · 육종용 15g · 오미자 10g · 토사자 10g · 소주 1*l* · 설탕 50g.

▶ 약술 만드는 방법

1. 말린 재료를 잘게 썰어 용기에 넣는다.
2. ❶에 소주를 붓고 밀봉해 서늘한 곳에 둔다.
3. 침전을 막기 위해 4~5일 동안 1회 용기를 흔들어준다.
4. 10일 후 생약건더기를 건져내고 설탕을 넣는다.
5. ❹에 생약건더기 1/5를 다시 넣고 서늘한 곳에 둔다.
6. 한 달 후 맑은 술만 따라낸다.

▶ 음용하는 방법

잠자기 전에 30*ml*, 하루에 1회만 마신다.

▲ 토사자 ▼ 육종용

▲ 오미자

한국의 자연 약술 | 61

마늘주

마늘에는 알리신과 당질·섬유소·칼슘·인·철·비타민 B_1·B_2·C·나이아신 등이 들어 있다. 장복하면 최고의 보신과 보정주로 으뜸이다.

▶ 약재의 효능

항균작용을 하고 흥분, 발한, 이뇨, 소화액 분비촉진, 동맥경화, 고혈압 등을 다스려준다. 특히 정력증강·피로회복·건위·정장·여름 더위·냉중·감기예방에 좋다.

▶ 준비할 재료

깐마늘 30g · 소주 2*l*

▶ 약술 만드는 방법

1. 깐마늘을 깨끗이 씻어 물기를 제거한다.
2. ❶을 주둥이가 넓은 용기에 넣는다.
3. ❷에 소주를 붓고 밀봉해 서늘한 곳에 둔다.
4. 5일 동안 하루에 1번씩 용기를 흔들어준다.
5. ❹를 땅을 파고 묻는다.
6. 1년 후 천으로 건더기를 걸러내면 완성된다.

▶ 음용하는 방법

아침저녁 식후 소주잔 1잔씩 하루 2회 마시면 된다.

맥문동술

맥동문은 여러해살이풀로 뿌리를 약재로 사용한다. 산속 습한 장소에서 서식한다.

▶ 약재의 효능

여름철 더위를 먹었을 때, 이뇨작용과 소염작용 등에 효과가 있다.

▶ 준비할 재료

맥문동 200g · 소주 1㎖ · 설탕 100g · 과당 50g

▶ 약술 만드는 법

1. 말린 맥동문을 잘게 썬다.
2. 맥문동을 용기에 넣고 20°짜리 소주를 붓는다.
3. 용기를 밀봉해 시원한 곳에 보관한다.
4. 10일 후 생약찌꺼기를 천으로 걸러낸다.
5. 다시 술을 더 붓고 설탕과 과당을 넣어 녹인다.
6. 걸러낸 생약찌꺼기 1/10을 용기 속에 넣어 밀봉한다.
7. 한 달 후에 윗부분의 맑은 술을 가볍게 따라낸다.
8. 남은 술은 천으로 생약찌꺼기를 걸러낸 다음 맑은 술과 합친다.

▶ 음용하는 방법

130㎖씩 1일 2~3회를 식전이나 식사 사이에 마신다.

모과주(목과주)

모과는 모과나무의 열매로 나무에 달리는 참외 비슷한 열매라 하여 목과(木瓜) 또는 목과(木果)라 쓰기도 한다.

▶ 약재의 효능

기관지 환자에 탁월하며, 주독(酒毒)을 풀고 가래를 제거하며 속이 울렁거릴 때 먹으면 속이 편안해지고, 구워먹으면 설사병에 잘 듣는다. 모과의 신맛은 사과산을 비롯한 유기산인데 신진대사를 도와주고 소화효소의 분비를 촉진시켜주는 효과를 발휘한다.

▶ 준비할 재료

모과 500g · 소주 1.8*l* · 설탕 700g.

▶ 약술 만드는 방법

1. 싱싱한 모과를 여러 조각으로 썬다(씨 포함).
2. 용기에 모과 한 조각 넣고 설탕을 뿌린다. 이런 식으로 겹겹이 쟁다.
3. ❷에 소주를 붓고 밀봉해 서늘한 곳에 둔다.
4. 4개월이 지나면 향긋한 향을 풍기는 술이 완성된다.

▶ 음용하는 방법

그대로 마시거나 오디술과 섞어 마셔도 좋다.

한국의 자연 약술 | 67

목단(모란)주

늦봄에 붉고 큰 꽃이 피는데 꽃빛은 보통 붉으나 개량 품종에 따라 흰색, 붉은 보라색 등 여러 가지가 있다.

▶ 약재의 효능

두통이나 요통에 좋으며 혈액을 맑게 해준다. 여성의 월경불순, 자궁질환, 다양한 산후증세의 치료에도 좋다.

▶ 준비할 재료

생목단피 50g · 활짝 피기 전의 모란꽃 50g · 소주 2ℓ · 설탕 30g.

▶ 약술 만드는 방법

1. 약간 말린 생목단피와 모란꽃을 깨끗이 씻어둔다.
2. ❶을 용기에 넣고 소주를 부어 밀봉해 서늘한 곳에 둔다.
3. 침전을 막기 위해 4일 동안 하루에 1번씩 용기를 흔들어준다.
4. 3개월 후 천으로 꽃과 생약찌꺼기를 걸러내고 설탕을 넣는다.
5. ❹에 생목단피 1/5를 넣고 밀봉해 서늘한 곳에 둔다.
6. 6개월 후 천으로 생약찌꺼기를 걸러내면 완성된다.

▶ 음용하는 방법

식후 20㎖씩 하루 2~3회 마시면 된다.

민들레주

민들레는 국화과의 다년초로 이슬린, 파루미진, 세로진 등의 성분이 들어 있어 한약재로 유용하게 사용되고도 있다.

▶ 약재의 효능

해열제로 유명한데, 기관지염 · 천식 · 해소 · 가래삭임 등에 매우 탁월하다. 건위와 강장, 소화기계통과 식욕증진에도 효과적이다.

▶ 준비할 재료

민들레 100g · 소주 2ℓ.

▶ 약술 만드는 방법

1. 민들레를 깨끗하게 헹군 후 물기를 제거한다.
2. ❶을 주둥이가 넓은 용기에 넣는다.
3. 소주를 붓고 밀봉해 서늘한 곳에 둔다.
4. 침전을 막기 위해 5일 동안 하루에 1번씩 용기를 흔들어준다.
5. 2개월 후에 천으로 건더기를 걸러내면 완성된다.

▶ 음용하는 방법

아침저녁 식후 소주잔 1잔씩 하루 2회 마시면 된다.

한국의 자연 약술 | 71

박하주

박하의 특이한 향기를 내는 성분은 멘톨·피넨·캄펜 등이다. 한방에서 해열·홍분제·구풍·청량·방향성 건위약으로 쓰인다.

▶ 약재의 효능

맛이 맵고 서늘하며 종기·해열·소염·건위·담즙분비·모세혈관 확장·홍분·자궁수축증가를 치료한다. 또한 소화불량·편도선염·피부 가려움·복통·설사·구토·두통·치통·감기·부스럼·눈 충혈 등에 효과가 좋다.

▶ 준비할 재료

말린 박하 잎 100g · 소주 2*l*.

▶ 약술 만드는 방법

1. 박하 잎을 깨끗하게 헹구고 물기를 제거한다.
2. ❶을 주둥이가 넓은 용기에 넣는다.
3. ❷에 소주를 붓고 밀봉해 서늘한 곳에 둔다.
4. 침전을 막기 위해 3일 동안 하루에 1번씩 용기를 흔들어준다.
5. 2개월 후 천으로 건더기를 걸러내면 완성된다.

▶ 복용방법

공복에 소주잔 1잔씩 하루 2회 마시면 된다.

버찌술

버찌는 벚나무 열매를 말하며 우리나라 재래종의 버찌는 한명으로 흑앵(黑櫻)이라고 불러왔다. 재래종은 과즙이 적고 색깔이 검어서 버찌소주로 만들어 먹기도 하였다.

▶ 약재의 효능

버찌의 항산화 성분 케르세틴은 폐암발생을 억제하고 혈액순환을 원활하게 만들어주기 때문에 동상이나 화상 등에 효과가 좋다. 따뜻한 성질이 소화기능을 돕고 변비에도 좋다. 특히 사과산과 함께 포도당, 구연산 등이 함유되어 있어서 피로회복과 식욕증진에 효과적이다.

▶ 준비할 재료

버찌 1kg · 소주 2ℓ · 설탕 100g.

▶ 약술 만드는 방법

1. 버찌열매를 깨끗이 씻어 통풍이 잘되는 응달에 말린다.
2. ❶을 주둥이가 넓은 용기에 넣는다.
3. ❷에 소주를 붓고 설탕을 넣어 밀봉한다.
4. 3일 동안 하루에 1번씩 용기를 흔들어준다.
5. 6개월 후 천으로 건더기를 걸러내면 완성된다.

▶ 음용하는 방법

식전 20㎖씩 하루에 1회 마시면 된다.

베고니아술

베고니아는 브라질이 원산인 다년초식물로 부드러운 신맛이 있어 생식에도 좋다.

▶ 약재의 효능

몸이 나른하거나 상처부위의 염증치료에도 좋고 해열·거담·정혈 등에도 잘 듣는다. 술을 담그는 시기는 봄이 가장 적합하다.

▶ 준비할 재료

베고니아 꽃(봉오리째) 30 송이 · 소주는 꽃의 3배.

▶ 약술 만드는 방법

1. 베고니아 꽃을 봉오리 째 꺾어 살짝 헹군 다음 물기를 제거한다.
2. ❶을 주둥이가 넓은 용기에 넣는다.
3. ❷에 소주를 붓고 밀봉한 다음 서늘한 곳에 둔다.
4. 한 달 정도 지나면 은은한 호박색의 술이 완성된다.
5. 찌꺼기는 그대로 두면 된다.

▶ 음용하는 방법

그대로 마셔도 되지만, 기호에 따라 양주나 과실주을 섞어도 좋다.

인삼술

봄에 녹황색의 꽃이 피고 열매는 타원형으로 붉게 익는다. 뿌리는 희고 비대한 다육질이다.

▶ 약재의 효능

『동의보감』에 오장의 기를 보해주고 기력을 북돋워주며 허함을 치료해준다고 했는데, 식욕부진·권태·무력감·복통·구역질 등에 좋다.

▶ 준비할 재료

인삼 20g · 백출 20g · 자감초 20g · 생강 1쪽 · 소주 1ℓ · 설탕 80g.

▶ 약술 만드는 방법

1. 생약을 잘게 썰어 용기에 넣는다.
2. ❶에 소주를 붓고 밀봉해 서늘한 곳에 둔다.
3. 4~5일 동안 매일 1회 용기를 흔들어준다.
4. 10일 후에 생약찌꺼기를 천으로 걸러 내고 설탕을 넣는다.
5. ❹에 생약건더기 1/5를 넣어 밀봉 후에 서늘한 곳에 둔다.
6. 한 달이 지난 후 맑은 술을 먼저 따라낸다.
7. 천으로 찌꺼기를 걸러내고 ❻과 합치면 완성된다.

▶ 음용하는 방법

식전에 20㎖씩 하루 2~3회 마시면 된다.

◀ 인삼　▲ 백출　▼ 생강

자감초

부추술

백합과의 여러해살이풀로 봄에 땅속의 작은 비늘줄기로부터 길이 30cm 정도 되는 선 모양의 두툼한 잎이 무더기로 뭉쳐난다.

▶ 약재의 효능

부추는 컨디션 조절과 원활한 혈액순환을 도와 만성요통을 치료해준다. 하지만 평소 위장이 약하거나 알레르기가 있으면 먹지 말아야 한다. 왜냐하면 부추성분이 설사를 일으키기 때문이다. 또한 몸을 따뜻하게 하는 효과가 높아 냉 체질에 좋다. 이밖에 코피·천식·이질·심장병·이뇨·유정 등에도 좋다.

▶ 준비할 재료

부추 전초 500g · 소주 2l · 설탕 100g.

▶ 약술 만드는 방법

1. 재료를 용기에 넣은 후 밀봉해 서늘한 곳에 둔다.
2. 3일 동안 하루에 1번씩 용기를 흔들어준다.
3. 3개월 후 부추 4/5를 건져내고 밀봉해 서늘한 곳에 둔다.
4. 6개월 후 건더기를 완전히 건져내면 완성된다.

▶ 음용하는 방법

아침저녁으로 20~30ml씩 하루에 2회 마시면 된다.

비파술

비파는 중국이 원산지로 우리나라에는 흔하지 않지만, 비파 잎은 예로부터 한약재로 많이 사용되어 왔다. 대표적으로 여름철에 더위를 타는 사람에게 매우 좋다.

▶ 약제의 효능

맛이 달고 성질이 차갑고 독이 없으며 비·폐·간 등을 다스린다. 폐를 윤택하게 하고 갈증을 멈추게 한다. 잎과 열매에는 포도당·과당·전분·자당·구연산·사포닌 등이 들어 있어 피로회복과 식욕증진·타박상·염좌 등에 좋다.

▶ 준비할 재료

비파나무 열매 1kg · 소주 1*l* · 설탕 10g.

▶ 약술 만드는 방법

1. 재료를 깨끗이 씻어 물기를 제거한다.
2. ❶을 주둥이가 넓은 용기에 넣는다.
3. ❷에 소주를 붓고 설탕을 넣어 밀봉해 서늘한 곳에 둔다.
4. 6개월 후 건더기를 건져낸다.
5. 다시 밀봉해 1년 이상 숙성을 시키면 완성된다.

▶ 음용하는 방법

자기 전에 30*ml*씩 하루 1회 마시면 된다.

사상자술

사상자의 어린순은 나물로 먹고, 열매는 수렴제·소염제·살충제 등으로 활용된다. 사상자에는 남성호르몬과 비슷한 성분이 있어 최음제 역할도 한다.

▶약재의 효능
예로부터 민간요법으로 부인의 음부질환에 쓰였고, 소염제나 가려움 제거에 사용되었다. 더구나 감기예방에도 좋다. 성기능감퇴·피로회복·발기부전 등에 효과가 있다.

▶준비할 재료
사상자 100g, 소주 1ℓ, 설탕 70g.

▶약술 만드는 방법
1. 잘게 쓴 사상자를 용기에 넣는다.
2. 소주를 붓고 밀봉해 서늘한 곳에 둔다.
3. 5일 동안 1일 1회 정도 용기를 흔들어준다.
4. ❶주일 후 천으로 생약건더기를 건져내고 설탕을 넣는다.
5. ❹에 생약찌꺼기 1/10을 넣고 밀봉해 서늘한 곳에 둔다.
6. 한 달 후 천으로 생약찌꺼기는 걸러내면 완성된다.

▶음용하는 방법
식전 공복에 20㎖씩 하루 3회 마시면 된다.

사시나무(백양수피)주

줄기껍질이 백양수피로 불리는 사시나무는 열매가 긴 타원형인데, 5월에 성숙해 갈라지면서 흰솜털을 바람에 흩날린다. 줄기껍질·가지·잎 등을 약재로 사용한다. 특히 약술약재로 사용되는 줄기껍질은 봄에 채취해 증기로 찐 다음 잘게 썰어 햇볕에 말렸다가 사용한다.

▶ 약재의 효능
백양수피는 거풍작용을 하기 때문에 사지마비동통과 사지무력감 등에 탁월하고, 어혈 제거효능과 함께 피부가려움증, 임신 중에 나타나는 이질에 효과가 좋다. 또한 구내염·신경통·해열·풍·이뇨에도 효능이 있다.

▶ 준비할 재료
말린 껍질 120g, 소주 2l, 설탕 100g

▶ 약술 만드는 방법
1. 재료를 적당한 크기로 자른다.
2. ❶을 주둥이가 넓은 용기에 넣는다.
3. ❷에 소주를 붓고 설탕을 넣어 밀봉해 서늘한 곳에 둔다.
4. 6개월 후 천으로 건더기를 걸러내면 완성된다.

▶ 음용하는 방법
끼니 사이에 소주잔 1잔씩 하루 2~3회 마시면 된다.

한국의 자연 약술 | 87

산딸기주(복분자주)

『본초강목』에 복분자(覆盆子)는 달고 평하며 독이 없어 간과 신경에 기운을 북돋아준다. 몸을 가볍게 해주고 자양강장에 효능이 있다고 했다.

▶ 약재의 효능

신(腎)기능을 북돋아 유정·몽정·유뇨 등에 쓰인다. 또한 시력강화와 함께 흰머리를 검게 해주면서 피부를 촉촉하고 윤기가 있게 만들어준다.

▶ 준비할 재료

산딸기 500g · 설탕 80g · 소주 2ℓ.

▶ 약술 만드는 방법

1. 복분자를 깨끗이 씻어서 통풍이 잘 되는 곳에서 말린다.
2. ❶을 용기에 넣고 설탕과 소주를 차례로 붓는다.
3. ❷를 밀봉해서 응달에 둔다.
4. 20일쯤 지나면 천에 찌꺼기를 거른다.
5. 2개월 이상 숙성하면 완성된다.

▶ 음용하는 방법

그냥 마셔도 좋고 신맛의 과실주와 섞어 마셔도 된다.

산사자술

산사나무 열매를 말린 것을 산사자라고 하는데, 차 또는 술을 담거나 한약재로 쓰인다.

▶ 약재의 효능

위장활동의 조절과 소화를 돕는데, 육류과식으로 인한 소화불량에 사용된다. 혈관확장작용으로 경미한 고혈압과 심장기능강화에 좋다. 생리통과 산후의 오로에 사용되고 찬 음식으로 복통이나 설사에 효과가 많다.

▶ 준비할 재료

산사자 100g, 소주 1ℓ, 설탕 80g.

▶ 약술 만드는 방법

1. 가늘게 썬 산사육(씨를 제거한 것)을 용기에 넣는다.
2. ❶에 소주를 붓고 밀봉해 서늘한 곳에 둔다.
3. 5일 동안 1일 1회 정도 용기를 흔들어준다.
4. 10일 후 천으로 찌꺼기 걸러내고 설탕을 넣는다.
5. ❹에 생약찌꺼기 1/10을 넣어 밀봉해 서늘한 곳에 둔다.
6. 한 달 후 맑은 술만 따라낸다.
7. 천으로 찌꺼기를 걸러내고 ❻과 합치면 완성된다.

▶ 음용하는 방법

식전에 30㎖씩 하루에 2~3회 마시면 된다.

산수유술

산수유 열매 말린 것을 산수유라고 하는데, 강정·노화방지·피로회복·식욕증진·보정효과에 탁월하다. 산수유는 맛이 시고 독이 없으며 성질이 따뜻하다.

▶ 약재의 효능

신장기능의 쇠약이나 노인의 이명(귀울림)에 좋다. 해수병과 해열, 노인의 절도 없는 소변을 멎게 하고, 잦은 두통과 부스럼이 나는 두풍을 낫게 한다. 주의할 점은 소변이 잘 나오지 않는 사람은 먹지 말아야 한다.

▶ 준비할 재료

산수유 80g · 소주 1l · 설탕 80g.

▶ 약술 만드는 방법

1. 산수유를 그대로 주둥이가 넓은 용기에 넣는다.
2. 소주를 붓고 밀봉해 서늘한 곳에 둔다.
3. 침전을 막기 위해 5일 동안 매일 1회 용기를 흔들어준다.
4. 10일 후 천으로 찌꺼기를 걸러내고 설탕을 넣는다.
5. 4에 생약찌꺼기 1/5를 넣고 밀봉해 서늘한 곳에 둔다.
6. 한 달 후 천으로 찌꺼기를 걸러내면 완성된다.

▶ 음용하는 방법

식전이나 끼니 사이에 1회 20ml씩 하루 2~3회 마시면 된다.

한국의 자연 약술 | 93

산수유황궁술

지황은 증혈과 혈액순환에 좋고 병후 체력회복과 열을 내려주며, 피부를 윤택하게 해준다. 천궁은 강정보혈, 진정, 진통에 좋다.

▶ 약재의 효능

보혈(약을 복용하거나 몸 안에 주입시켜 피의 생성이나 순환이 원활하지 않은 것을 도움)과 조혈작용(체내에서 피를 생성함)으로 피로회복에 좋다.

▶ 준비할 재료

산수유 20g · 숙지황 10g · 생지황 10g · 건지황 5g · 천궁 15g · 소주 2ℓ · 벌꿀 40㎖.

▶ 약술 만드는 방법

1. 씨를 제거한 산수유를 씻어서 말린다.
2. 천궁과 지황도 씻어서 물기를 제거한다.
3. ❶과 ❷를 주둥이가 넓은 용기에 넣는다.
4. ❸에 소주를 붓고 밀봉해 서늘한 곳에 둔다.
5. 2개월 후에 생약찌꺼기를 걸러내고 벌꿀을 넣는다.
6. 20일 후면 약술이 완성된다.

▶ 음용하는 방법

식전이나 끼니 사이에 20㎖씩 하루에 1회 마시면 된다.

◀ 지황   ▲ 천궁

산약술

영양이 풍부한 참마는 생것이고, 산약은 참마를 말린 한방약재를 말한다.

▶ 약재의 효능

신경쇠약·식은땀·가벼운 당뇨·자양강장·소화불량·설사 등에 좋다. 산약은 예로부터 정력식품으로 쓰였으며, 자양보정효과가 강해 모든 장기에 기를 북돋우고 허약체질에 좋다. 원기와 입맛을 찾아준다.

▶ 준비할 재료

산약(참마) 250g · 소주 1ℓ · 설탕 100g.

▶ 약술 만드는 방법

1. 가늘게 썬 산약을 용기에 넣는다.
2. 소주를 붓고 밀봉해 서늘한 곳에 둔다.
3. 5일 동안 매일 1회 정도 용기를 흔들어준다.
4. 7일 후 천으로 생약찌꺼기를 건져내고 설탕을 넣는다.
5. ❹에 생약찌꺼기 1/10을 넣고 밀봉해 서늘한 곳에 둔다.
6. 한 달 후 맑은 술만 따라낸다.
7. 천으로 생약찌꺼기를 걸러내고 ❻과 합치면 완성된다.

▶ 음용하는 방법

식전이다 끼니 사이에 30㎖씩 하루 3회 마시면 된다.

한국의 자연 약술 | 97

산용술

산약과 녹용이 주된 약술인데, 강정강장작용, 성기능의 강화, 만성피로 회복, 조루증 등에 효과가 매우 좋다.

▶ 약재의 효능

산마는 앞의 산약술 효능을 참고하면 된다. 녹용에는 혈관이 많고 칼슘이 풍부한데, 강정효과에 뛰어나다. 구기자 역시 자양강정의 효과를 강화시켜주는 역할을 한다.

▶ 준비할 재료

산약 50g · 녹용 10g · 구기자 30g · 소주 1l · 설탕 50g · 벌꿀 50g.

▶ 약술 만드는 방법

1. 산약과 녹용을 얇게 썬다.
2. 구기자를 깨끗이 씻는다.
3. ❶과 ❷를 주둥이가 넓은 용기에 넣는다.
4. ❸에 소주를 붓고 밀봉해 서늘한 곳에 둔다.
5. 처음 4~5일 동안 1일 1회 용기를 흔들어준다.
6. 10일 후 천으로 건더기를 걸러내고 설탕과 꿀을 넣는다.
7. 한 달 후 맑은 술만 따라낸다.

▶ 음용하는 방법

끼니 사이에 20ml씩 1일 2~3회 마시면 된다.

한국의 자연 약술 | 99

산초술

산초열매의 성질은 따뜻하고 매운데, 독이 있다. 감각 없는 문둥병을 치료하고 치아를 튼튼히 하며 머리털을 빠지지 않게 한다.

▶ 약재의 효능

위장병 일체 · 이질 · 해독 · 신경통 · 관절염에도 효능이 있다. 또한 눈병과 눈의 피로를 예방해 밝게 해준다. 불면증 · 여름에 더위 · 심한 냉증 · 피로회복에 좋다.

▶ 준비할 재료

산초가지 · 잎 · 꽃 · 열매 두 주먹 정도 · 소주 재료의 2배.

▶ 약술 만드는 방법

1. 잔가지는 3cm로 자르고, 굵은 가지에서 벗긴 껍질은 잘게 썬다.
2. 잎과 꽃과 열매는 깨끗이 씻은 후 물기를 제거한다.
3. ❶과 ❷의 재료를 주둥이가 넓은 용기에 넣는다.
4. ❸에 소주를 붓고 밀봉해 서늘한 곳에 둔다.
5. 6개월 정도 숙성시켜야 좋은 술이 완성된다. 이때 건더기를 제거하지 말고 그대로 둔 채로 복용해도 괜찮다.

▶ 음용하는 방법

끼니 사이에 소주잔 한 잔씩 하루에 2회 마시면 된다.

한국의 자연 약술 | 101

살구주

살구는 중국이 원산지로 주로 약용으로 재배되어 왔다. 주황색으로 완숙한 열매는 부패가 빠르기 때문에 즉석에서 말리거나 잼이나 통조림으로 가공된다.

▶약재의 효능

『본초강목』에 말린 살구를 먹으면 목마름이 낫고 냉열독(추위와 더위로 발병하는 질환)을 제거한다'고 적혀있다. 살구씨는 식욕증진 · 피로회복 · 고혈압예방에 좋다.

▶준비할 재료

잘 익은 살구 600g · 소주 2ℓ · 설탕 150g.

▶약술 만드는 방법

1. 준비된 재료를 깨끗하게 씻어 물기를 제거한다.
2. ❶을 주둥이가 넓은 용기에 넣는다.
3. 소주를 붓고 설탕을 넣는다.
4. ❸을 밀봉해 서늘한 곳에 둔다.
5. 침전을 막기 위해 3일 정도 하루에 1번씩 용기를 흔들어준다.
6. 1년 후 건더기를 건져내면 완성된다.

▶음용하는 방법

식전에 20㎖씩 1회 마시면 된다.

삼백초주

삼백초 전체를 해독제로 사용하는데, 특히 각기병 치료와 이뇨제로 쓰인다. 성질이 차가워 냉하거나 기가 부실한 사람들을 제외하고, 누구나 복용해도 부작용이 전혀 없는 만병통치 식물로 통한다.

▶ 약재의 효능

변비와 숙변을 해결해준다. 해독과 이뇨작용이 뛰어나 신장염과 부종 등을 치료해준다. 간염·간경화·당뇨치료에도 효과가 있다. 혈액 속의 콜레스테롤 수치를 낮춰 고혈압과 동맥경화치료와 예방에도 좋다.

▶ 준비할 재료

삼백초 200g · 소주 5l.

▶ 약술 만드는 방법

1. 준비된 재료를 깨끗이 씻어 햇볕에 말린다.
2. ❶을 짧게 썰어 주둥이가 넓은 용기에 넣는다.
3. ❷에 소주를 붓고 밀봉해 서늘한 곳에 둔다.
4. 4일 동안 하루에 1번씩 용기를 흔들어준다.
5. 3개월 후 천으로 건더기를 걸러내면 완성된다.

▶ 음용하는 방법

끼니 사이에 소주잔 1잔을 하루에 3회 마시면 된다.

한국의 자연 약술 | 105

삼지구엽초 여정자 질이자술

삼지구엽초(음양곽)는 옛날부터 강장의 특효약재였고, 질이자는 혈액순환과 눈병 및 응혈에 효과적이다.

▶ 약재의 효능

삼지구엽초를 양이 먹으면 음란해진다고 붙여진 이름이 바로 음양곽이다. 정력강화작용과 건망증예방에 특효이다. 여정자는 간장과 신장을 보해 눈을 밝게 해주고, 근골을 튼튼하게 해준다.

▶ 준비할 재료

삼지구엽초 30g · 여정자 30g · 질이자 30g 소주 2ℓ · 벌꿀 200g.

▶ 약술 만드는 방법

1. 준비한 생약을 주둥이가 넓은 용기에 넣는다.
2. ❶에 소주를 붓고 밀봉해 서늘한 곳에 둔다.
3. 10일 후 천으로 건더기는 건져내고 벌꿀을 넣는다.
4. ❸에 생약건더기 1/5를 넣고 밀봉해 서늘한 곳에 둔다.
5. 2개월 후에 맑은 술을 다른 용기에 따른다.
6. 천으로 찌꺼기를 걸러낸 후 5의 술과 합치면 완성된다.

▶ 음용하는 방법

식전에 20㎖씩 하루 1회 마시면 된다.

위_삼지구엽초   아래_여정자

삽주주

삽주뿌리는 면역기능을 강화시켜주고 혈관확장작용에 도움을 준다.

▶ 약재의 효능

식도암 세포의 억제·항균·혈당강하·이뇨·소아 구루병·호흡기 감염질환·심장박동조절·수두·볼거리·성홍열·감기·기관지염 등에 효과가 있다. 급성장염·만성요통·대퇴통·변비 등을 치료한다. 발한·해열·소화불량·정장·당뇨병·신경통·두통·고혈압·냉병·위염·신장염·식욕부진 등에도 좋다.

▶ 준비할 재료

말린 삽주뿌리 200g · 소주 2*l*.

▶ 약술 만드는 방법

1. 재료를 깨끗하게 씻어서 물기를 닦아내고 잘게 썬다.
2. ❶을 주둥이가 넓은 용기에 넣는다.
3. ❷에 소주를 붓고 밀봉해 서늘한 곳에 둔다.
4. ❹일 동안 하루에 1번씩 용기를 흔들어준다.
5. 6개월 후 건더기를 건져내면 완성된다.

▶ 음용하는 방법

공복에 소주잔 1잔씩 하루에 3회 마시면 된다.

생강주

향신료로 널리 이용되고 있는 생강의 매운 맛은 진저론이란 성분 때문이다. 특히 다량의 무기질을 함유하고 있으며, 건위 발한에 효능이 좋다.

▶ 약재의 효능

생강은 신체 안에서 몸을 데워주면서 내장기능을 활발하게 만들어주는 효과가 있다. 이에 따라 냉증·저혈압·저체온·만선피로·탄력없는 피부·생리주기가 늦어질 때 효과가 좋다.

▶ 준비할 재료

생강 600g · 소주 2l · 설탕 200g.

▶ 약술 만드는 방법

1. 손질한 생강을 깨끗이 씻어 물기를 제거한다.
2. ❶을 주둥이가 넓은 용기에 넣는다.
3. ❷에 소주를 붓고 설탕을 넣어 밀봉해 서늘한 곳에 둔다.
4. 침전을 막기 위해 3일 동안 하루에 1번씩 용기를 흔들어준다.
5. 6개월 후 천으로 생약건더기를 걸러내면 완성된다.

▶ 음용하는 방법

끼니 사이에 소주잔 한 잔씩 하루에 2회 마시면 된다.

선령비술

음양곽을 다른 말로 선령비라고도 부르는데, 삼지구엽초를 말린 것이다. 음양곽이 주된 약재이며 다른 약재는 보조로 쓰인다.

▶ 약재의 효능

노인성치매, 하반신무력, 권태와 정력 강화에 효과가 크다. 육종용은 생식기의 모든 기능의 감퇴를 예방해준다. 복령의 보익이신효과와 어울려 상승효과가 크게 나타난다.

▶ 준비할 재료

음양곽 40g · 육종용 20g · 복령 20g · 자감초 20g · 소주 1l · 설탕 100g · 벌꿀 100g.

▶ 약술 만드는 방법

1. 생약재료를 썰어 주둥이가 넓은 용기에 넣는다.
2. ❶에 소주를 붓고 밀봉해 서늘한 곳에 둔다.
3. 4~5일간은 하루에 한 번 정도 용기를 흔들어준다.
4. 10일 후 생약건더기를 걸러내고 설탕, 벌꿀을 넣는다.
5. ❹에 생약건더기 1/5를 넣고 밀봉해 서늘한 곳에 둔다.
6. 한 달 후 천으로 생약건더기를 걸러내면 완성된다.

▶ 음용하는 방법

식전이나 끼니 사이에 20ml씩 하루에 2회 마시면 된다.

음양곽

육종용

복령

자감초

선인장술

선인장 술은 많이 알려져 있지 않지만, 천식과 감기·폐렴과 거담에 효과가 있고 풍과 냉을 제거해주며, 신장염과 류머티즘에 효과가 좋다.

▶ 약재의 효능

늑막염에 뛰어나고 화상에 선인장생즙을 바르면 흉터가 남지 않을 정도로 효과가 최고이다. 어린아이 백일해에도 탁월한데, 이럴 경우에는 선인장 즙을 식후에 소주잔으로 반잔을 복용하면 3~4일이면 완치된다. 그리고 류머티즘의 환부와 수종에 바르면 통증이 가라앉는다. 가능한 한 가시가 없는 선인장이 다루기가 좋다.

▶ 준비할 재료

손바닥선인장 1장 · 소주는 2ℓ.

▶ 약술 만드는 방법

1. 손바닥선인장을 2cm 정도로 잘라둔다.
2. ❶을 주둥이가 넓은 용기에 넣는다.
3. ❷에 소주를 붓고 밀봉해 서늘한 곳에 둔다.
4. 한 달 후 건더기를 건져내면 술이 완성된다.

▶ 음용하는 방법

각자 기호에 맞게 감미료를 첨가해서 마시면 된다.

소생진피술

생강과 진피가 주된 약재이기 때문에 위장을 상쾌하게 해주는 건위효과에 뛰어나다. 따라서 식욕부진과 구역질, 소화불량과 건위작용에 효능이 탁월하다.

▶ 약재의 효능

진피는 감귤껍질을 말린 것으로 비위의 기가 울체되어 입맛이 없거나, 배가 아프면서 토하거나, 설사를 하거나, 습과 담으로 가슴이 두근거릴 때 효과가 탁월하다.

▶ 준비할 재료

진피 40g · 생강 20g · 소엽 20g · 소주 1*l* · 설탕 80g.

▶ 약술 만드는 방법

1. 소엽, 생강, 진피 등을 잘게 썰어둔다.
2. ❶을 주둥이가 넓은 용기에 넣는다.
3. ❷에 소주를 붓고 밀봉해 서늘한 곳에 둔다.
4. 처음 4~5일 동안 하루에 1회 용기를 흔들어준다.
5. 10일 후 천으로 건더기를 걸러내고 설탕을 넣는다.
6. ❺에 생약건더기 1/5를 넣고 밀봉해 서늘한 곳에 둔다.
7. 한 달 후 맑은 술만 따라낸다.

▶ 음용하는 방법

식전이나 끼니 사이에 20*ml*씩 하루 3회 마시면 된다.

송엽주

『동의보감』에 '송엽을 주기적으로 음용하면 신체의 원기가 왕성해지고 모발이 검게 변하며, 추위와 배고픔을 모른다'고 되어 있다. 송엽에는 비타민 A가 들어 있어 혈액을 청결하게 만들어 고혈압을 예방한다.

▶ 약재의 효능

솔잎은 보혈·건위·강장·진해 등을 다스려 중풍·동맥경화증·고혈압·당뇨병 등에 효과가 좋다. 또한 양기강화와 내장병을 고치고 독소를 제거하며, 신경통까지 치료해준다. 특히 피부면역력을 키워 피부를 윤기 있게 만들어준다.

▶ 준비할 재료

어린 솔잎 600g · 소주 2l · 흑설탕 200g.

▶ 약술 만드는 방법

1. 어린 솔잎을 깨끗하게 씻어 물기를 제거한다.
2. ❶을 1cm 길이로 잘라 주둥이가 넓은 용기에 넣는다.
3. ❷에 소주를 붓고 설탕을 넣어 밀봉해 양지바른 곳에 둔다.
4. 침전을 막기 위해 3일 하루에 1번 용기를 흔들어준다.
5. 한 달 후 천으로 건더기를 걸러내면 완성된다.

▶ 음용하는 방법

끼니 사이에 소주잔 1잔씩 하루 2회 마시면 된다.

송이주

송이는 예로부터 귀하게 다뤄진 식품이다. 송이버섯과의 식용버섯으로 중부북부의 적송림지역에서 자생한다. 수령이 20~30년 된 소나무 밑에서 많이 채취된다.

▶ 약재의 효능

피로회복・고지혈증치료・식욕증진・심장병・항암・혈관 및 자궁수축・탈항증 등에 효과가 좋다.

▶ 준비할 재료

송이 150g・소주 2ℓ・설탕 80g.

▶ 약술 만드는 방법

1. 송이버섯을 손질해 깨끗하게 씻어서 물기를 제거한다.
2. ❶의 송이를 잘게 썰어 용기에 넣는다.
3. ❷에 소주를 붓고 설탕을 넣어 밀봉해 서늘한 곳에 둔다.
4. 침적을 막기 위해 3일 동안 하루에 1번씩 용기를 흔들어준다.
5. 2개월 후 맑은 윗부분을 따라낸다.
6. ❺의 나머지는 천으로 건더기를 걸러내고 ❺의 술과 합치면 완성된다.

▶ 음용하는 방법

식후 소주잔 1잔씩 하루 2~3회 마시면 된다.

숙지황술

지황은 강장효과가 탁월하고 특히 부인질환에 최고의 약재이다. 강심작용이 뚜렷해 빈혈·증혈·정혈에도 많이 쓰인다. 이에 따라 안색불량과 빈혈·손발냉증과 눈이 침침할 때 효과가 좋다.

▶ 약재의 효능

각종 만성병 가운데 신체가 허약해서 나타나는 내열과 인후건조, 갈증 등에 효능이 있다. 여성의 출산 후나 월경의 과다출혈·허약체질·어지럼증 등에도 좋다.

▶ 준비할 재료

숙지황 80g · 소주 1ℓ · 설탕 40g.

▶ 약술 만드는 방법

1. 숙지황을 가늘게 썰어 용기에 넣는다.
2. ❶에 소주를 붓고 밀봉해 서늘한 곳에 둔다.
3. 5일 정도 하루에 1회 용기를 흔들어준다.
4. 1주일 후에 천으로 찌꺼기를 건져내고 설탕을 넣는다.
5. ❹를 밀봉해 2주 동안 서늘한 곳에 두면 술이 완성된다.

▶ 음용하는 방법

끼니 사이에 20㎖씩 하루 2회 마시면 된다.

생지황

건지황

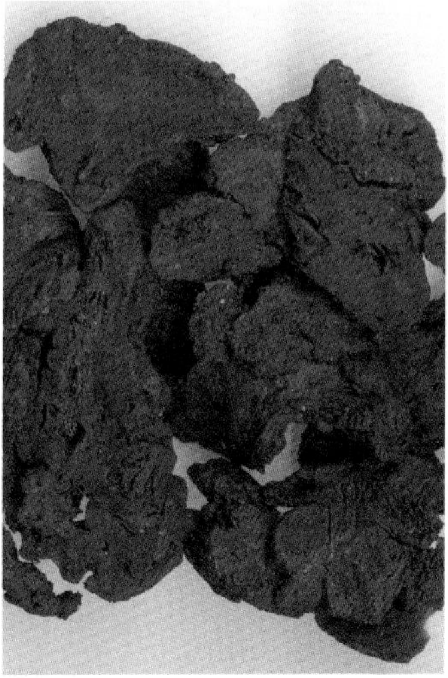

숙지황

쑥술

쑥에는 짙은 엽록소 성분과 지네올·세스커텔펜 등의 정유 성분·비타민 A·B_1·B_2·C·철분·칼슘·칼륨·인 등의 미네랄 등이 들어 있다.

▶약재의 효능

지혈·위장병·해수·천식·기관지염·설사·이뇨·진정 등의 약으로 사용되고 있다. 또한 기혈을 따뜻하게 해서 냉습과 냉통을 제거하고 지혈과 진통·임산부 하혈·복통을 치료해준다. 그리고 코피가 그치지 않을 때 쑥을 태운 재를 콧구멍에 넣으면 된다.

▶준비할 재료

쑥 두 주먹 분량·소주는 재료의 3배.

▶약술 만드는 방법

1. 쑥 잎과 꽃을 가지째로 꺾어 씻은 후 큼직하게 썰어둔다.
2. ❶을 가제주머니에 넣어 봉한다.
3. ❷를 주둥이가 넓은 용기에 넣는다.
4. ❸에 소주를 붓고 밀봉해 서늘한 곳에 둔다.
5. 3개월 숙성시키면 술이 완성된다.

▶음용하는 방법

그냥 마시거나 기호에 따라 가미해도 된다.

아출술

아출은 생강과의 다년생 숙근초로 근경은 원주형의 가지이고, 측근은 둥근 괴근으로 자란다. 이 근경과 괴근을 아출이라고 부른다.

▶ 약재의 효능

아출은 건위작용이 있어 소화불량·복부팽만감·가스 차는 증상·식욕부진·메스꺼움 등과 희발월경·월경불순·진통에 뛰어나다. 또한 울혈을 풀어 적체를 소통시킨다. 혈전흡수를 촉진하기 때문에 자궁근종에도 많이 쓰인다.

▶ 준비할 재료

아출 150g · 소주 1*l* · 설탕 100g.

▶ 약술 만드는 방법

1. 아출을 가늘게 썰어서 용기에 넣는다.
2. ❶에 소주를 붓고 설탕을 넣어 밀봉해 서늘한 곳에 둔다.
3. 침전을 막기 위해 5일 정도 하루에 1회 용기를 흔들어준다.
4. 한 달 후 천으로 찌꺼기를 걸러내면 완성된다.

▶ 음용하는 방법

식전에 20*ml*씩 1일 3회 마시면 된다.

알로에주

알로에는 비타민 B · C가 많이 함유되어 있기 때문에 여드름이나 화상치료에 효과가 탁월하고 암 예방효과가 있다.

▶ 약재의 효능

알로에 효능은 피부미용 · 면역력강화 · 지혈효과 · 항암효과 · 상처치료 등이 대표적이다. 특히 아토피피부염과 피부트러블에 효과가 탁월하다. 또 위를 보호하고 류머티즘 · 신경통 · 변비 · 불면증 · 무좀 등에 효과가 좋다. 그러나 다양한 효능이 있기 때문에 지나치게 음용하면 도리어 해롭다. 예를 들면 임신 초기에 많이 먹으면 유산할 가능성도 있다.

▶ 준비할 재료

딱딱한 알로에 400g · 소주 2ℓ · 설탕 100g.

▶ 약술 만드는 방법

1. 재료를 깨끗하게 씻는다.
2. ❶을 3㎝크기로 잘라 주둥이가 넓은 용기에 넣는다.
3. 소주를 붓고 설탕을 넣어 밀봉해 서늘한 곳에 둔다.
4. 3일 동안 하루에 1번씩 용기를 흔들어준다.
5. 2개월 후 천으로 건더기를 걸러내면 완성된다.

▶ 음용하는 방법

끼니 사이에 소주잔 1잔씩 하루에 2회 마시면 된다.

한국의 자연 약술 | 129

앵두주

앵두나무는 3~4월에 작은 하얀 꽃을 피우고 6월 중순에 빨간 열매를 맺는데, 이것이 바로 앵두다.

▶ 약재의 효능

앵두즙은 소화기관을 원활하게 해주고 얼굴혈색을 밝혀준다. 혈액순환을 촉진시켜 부종을 치료하고 폐 기능을 도우며, 가래를 제거해준다. 또한 동상에 앵두즙을 바르면 효능이 좋다. 특히 과당, 자당 외에도 구연산이 들어 있어 피로회복과 식용증진에 좋다.

▶ 준비할 재료

앵두 300g · 소주 1ℓ · 설탕 50g.

▶ 약술 만드는 방법

1. 준비한 재료를 깨끗이 씻어 물기를 제거 한다.
2. ❶을 주둥이가 넓은 용기에 넣는다.
3. ❷에 소주를 붓고 설탕을 넣어 밀봉에 서늘한 곳에 둔다.
4. 3일 동안 하루에 1번씩 용기를 흔들어준다.
5. 3개월 후에 천으로 건더기를 걸러내면 완성된다.

▶ 음용하는 방법

끼니 사이에 소주잔 1잔씩 하루 2~3회 마시면 된다.

양귀비술

당나라 현종의 비(妃)인 양귀비가 아름다움과 건강을 위해 밤낮으로 애용했다는 약술이다.

▶약재의 효능

양귀비술의 재료인 당귀, 작약, 목단피, 홍화, 향부자, 치자 등의 약초는 혈액순환을 촉진하며, 긴장을 완화시켜주고, 여성의 생리불순·빈혈·미용에 효과가 좋다.

▶준비할 재료

당귀 25g · 작약 12g · 목단피 12g · 적복경 12g · 용안육 25g · 향부자 12g · 홍화 8g, · 치자 8g · 박하 8g · 시호 8g · 국화 8g · 대추 10g, · 소주 2l · 설탕 100g.

▶약술 만드는 방법

1. 재료들은 잘게 썰어 주둥이가 넓은 용기에 넣는다.
2. ❶에 소주를 붓고 밀봉해 서늘한 곳에 둔다.
3. 5일 동안 하루에 1회 정도 용기를 흔들어준다.
4. 10일 후 천으로 생약건더기를 걸러내고 설탕을 넣는다.
5. ❹에 생약건더기 1/5를 넣고 밀봉해 서늘한 곳에 둔다.
6. 한 달 후 맑은 술만 따라낸다.

▶음용하는 방법

식전이나 끼니 사이에 20㎖씩 하루 2~3회 마시면 된다.

당귀

양노술

오랜 옛날부터 전해져오는 노화예방의 명주이다.

▶ 약재의 효능

약재 중 복령은 보양과 이수에 탁월하고, 우슬은 허리와 다리를 튼튼하게 해준다. 또 인삼·백출·진피·생강 등은 위장기능을 원활하게 해서 소화를 돕고, 당귀·천궁·작약·오미자 등은 혈행을 잘 다스려 신진대사에 도움을 준다.

▶ 준비할 재료

인삼 10g · 백출 10g · 우슬 10g · 복령 10g · 오미자 5g · 천궁 10g · 당귀 10g · 작약 10g · 맥문동 10g · 진피 5g · 생강 5g · 소주 1000㎖ · 설탕 100g.

▶ 약술 만드는 방법

1. 잘게 썬 재료를 용기에 넣고 소주를 붓는다.
2. 밀봉해 서늘한 곳에 둔다.
3. 처음 4~5일은 하루 1회 정도 용기를 흔들어준다.
4. 10일 후 천으로 생약건더기는 걸러내고 설탕을 넣는다.
5. ❹에 생약건더기 1/5를 넣고 밀봉해 서늘한 곳에 둔다.
6. 한 달 후 맑은 술을 따라낸다.

▶ 음용하는 방법

식전이나 끼니 사이에 20㎖씩 하루 3회 마시면 된다.

양심술

한방약 귀비탕을 넣어 만든 술로 신경을 다스려 불면증을 제거해 잠을 편안하게 잘 수가 있다.

▶ 약재의 효능

인삼을 비롯해 6가지 재료로 만들어졌기 때문에 신경 증세에 탁월한 효과가 있다. 주의할 점은 멧대추의 씨앗인 산조인이 항혈압작용·자궁흥분작용이 있기 때문에 임신 중에 섭취하지 말아야 한다.

▶ 준비할 재료

인삼 10g · 백출 10g · 복령 10g · 용안육 10g · 산조인 10g · 원지 10g · 대추 10g · 소주 2ℓ · 설탕 80g.

▶ 약술 만드는 방법

1. 잘게 부순 산조인과 잘게 썬 재료를 주둥이가 넓은 용기에 넣은 후, 소주를 붓고 밀봉해 서늘한 곳에 둔다.
2. 처음 4~5일은 하루에 1회 용기를 흔들어준다.
3. 10일 후 천으로 생약건더기를 걸러내고 설탕을 넣는다.
4. ❸에 생약건더기 1/5를 넣고 밀봉해 서늘한 곳에 둔다.
5. 한 달 후 맑은 술만 따라낸다.

▶ 음용하는 방법

아침저녁 식전과 잠자리에 들기 전 20㎖씩 하루 3회.

위_ 멧대추   아래_산조인

양위회춘술

예로부터 성기능감퇴, 허약체질에 따른 발기부전, 조루증 등에 최고의 약효를 자랑한다.

▶ 약재의 효능

재료 중 파극천은 성욕을 왕성하게 해서 남성의 조루와 발기부전, 여성의 생식기능감퇴와 월경이상을 비롯해 소변을 참지 못하거나 소변이 잦거나 허리와 무릎이 시린 증상에 매우 좋다.

▶ 준비할 재료

인삼 15g · 파극천 15g · 육종용 15g · 구기자 15g · 파고지 10g · 소주 1.8l · 설탕 100g.

▶ 약술 만드는 방법

1. 잘게 썬 재료와 구기자, 파고지를 용기에 넣는다.
2. ❶에 소주를 붓고 밀봉해 서늘한 곳에 둔다.
3. 4~5일은 하루에 1회 용기를 흔들어준다.
4. 10일 후 천으로 생약건더기를 걸러내고 설탕을 넣는다.
5. ❹에 생약건더기 1/5를 넣고 밀봉해 서늘한 곳에 둔다.
6. 한 달 후 맑은 술만 따라낸다.

▶ 음용하는 방법

식전이나 끼니 사이에 20ml씩 하루 2~3회 마시면 된다.

파극천

엄나무주

엄나무는 가시가 있지만 독이 없고 염증치료에 효과가 있는데, 약제로 껍질과 뿌리를 사용한다.

▶약재의 효능

엄나무는 통증을 완화시키는데, 특히 류머티즘성 관절염으로 나타나는 심한 통증과 신경 및 근육통증·관절염·종기·암·피부병·염증질환·신경통·간장질환·늑막염·부종·중풍예방·당뇨 등에 효과가 좋다.

▶준비할 재료

말린 엄나무뿌리 150g · 2ℓ.

▶약술 담그는 방법

1. 뿌리를 깨끗하게 씻어 물기를 제거한다.
2. ❶을 용기에 넣는다.
3. ❷에 소주를 붓고 밀봉해 서늘한 곳에 둔다.
4. 침전을 막기 위해 3일 동안 하루에 1번씩 용기를 흔들어준다.
5. 6개월 후 천으로 건더기를 걸러내면 완성된다.

▶음용하는 방법

공복에 소주잔 1잔씩 하루 2회 마시면 된다.

엉겅퀴주

엉겅퀴는 뿌리, 줄기, 잎, 꽃, 열매 등 대부분을 약으로 사용할 수 있으며 이중에 뿌리와 꽃에 약효가 많다.

▶ 약재의 효능

아침에 발기현상이 없거나, 잠자리에서 일어날 때 요통이 심하거나 소변 줄기가 약하고 배뇨현상에 어려움이 있는 남성들에게 좋다. 또한 여자들이 먹으면 '부인병이 사라지고 피부가 윤택해지며 몸에서는 향기가 난다며 궁궐의 비빈들이 즐겨 음용했다' 라는 기록도 있을 만큼 효능이 좋다.

▶ 준비할 재료

엉겅퀴 뿌리 400g · 소주 2*l* · 설탕 400g.

▶ 약술 만드는 방법

1. 뿌리를 깨끗하게 씻어 물기를 제거 한다.
2. ❶을 주둥이가 넓은 용기에 넣는다.
3. ❷에 소주를 붓고 설탕을 넣어 밀봉해 서늘한 곳에 둔다.
4. 5일 동안 하루에 1번씩 용기를 흔들어준다.
5. 4개월 후 천으로 건더기를 걸러내면 완성된다.

▶ 음용하는 방법

끼니 사이에 소주잔 1잔씩 하루 1~2회 마시면 된다.

오가피술

오가피나무는 인삼과 같은 효능이 있는데, 옛날부터 아주 귀중한 한약재로 사용되어 왔다. 그 중에서도 가시오가피는 매우 우수한 효능이 있다.

▶ 약재의 효능

허리와 다리의 통증, 다리에 힘을 줄 수 없는 증상, 가벼운 수종 등에 효과가 있다. 더구나 소아의 발육부진과 운동능력불량에도 효능이 있다.

▶ 준비할 재료

오가피 150g · 소주 2*l* · 설탕 100g.

▶ 약술 만드는 방법

1. 잘게 썬 오가피를 주둥이가 넓은 용기에 넣는다.
2. ❶에 소주를 붓고 밀봉해 서늘한 곳에 둔다.
3. 10일 후 천으로 생약건더기를 걸러내고 설탕을 넣는다.
4. ❸에 생약찌꺼기 1/10을 넣고 밀봉해 서늘한 곳에 둔다.
5. 한 달 후 천으로 생약건더기를 걸러내면 술이 완성된다.

▶ 음용하는 방법

점심 · 저녁 식전에 20㎖씩 하루 2회 마시면 된다.

한국의 자연 약술

오디주

오디는 맛은 달고 성질이 차며 심경, 간경, 신경 등을 다스린다. 음혈을 보해주고 진액을 늘려 소변이 잘 나온다.

▶ 약재의 효능

항산화 물질이 다량 함유되어 노화방지와 치매예방을 비롯해 당뇨·혈압·항암 등에 효과가 있다. 귀와 눈을 밝게 하고 간장과 정력강화를 비롯해 풍을 가라앉힌다. 흰머리를 검게 만들고 부종을 억제하고 숙취제거, 대머리 예방과 치료에 적합하다. 갈증해소와 불면증, 건망증에도 탁월하다.

▶ 준비할 재료

오디 600g · 소주 2*l* · 설탕 200g.

▶ 약술 만드는 방법

1. 준비한 오디를 깨끗이 씻어 물기를 제거한다.
2. ❶을 주둥이가 넓은 용기에 넣는다.
3. ❷에 소주를 붓고 설탕을 넣어 밀봉해 서늘한 곳에 둔다.
4. 3일 동안 하루에 1번씩 용기를 흔들어준다.
5. 용기의 뚜껑을 밀봉해 3개월 동안 숙성시키면 완성된다.

▶ 음용하는 방법

취침 전 30㎖씩 하루 1회 마시면 된다.

오미자술

오미자에는 단맛·신맛·매운맛·짠맛·쓴맛이 있는데, 이 중에 단맛과 신맛이 강하다. 중추신경계와 대뇌피질을 흥분시키기 때문에 작업능률이 자연적으로 높아진다.

▶ 약재의 효능

바이러스성 만성간염, 약물성 간염, 기억감퇴, 주의력 감퇴에 효과가 좋다. 또 자궁 평활근을 흥분시켜 수축을 강하게 만든다. 거담, 진해작용에 도 쓰인다.

▶ 준비할 재료

오미자 100g · 소주 1ℓ · 설탕 100g.

▶ 약술 만드는 방법

1. 오미자를 깨끗이 씻어 주둥이가 넓은 용기에 넣는다.
2. ❶에 소주를 붓고 밀봉해 서늘한 곳에 둔다.
3. 4~5일 동안 매일 1회 용기를 흔들어준다.
4. 10일 후 천으로 생약건더기를 걸러내고 설탕을 넣는다.
5. ❹에 생약찌꺼기 1/10을 넣고 밀봉해 서늘한 곳에 둔다.
6. 한 달 후 천으로 생약건더기를 걸러내면 술이 완성된다.

▶ 음용하는 방법

식전이나 끼니 사이에 20㎖씩 하루 3회 마시면 된다.

오징어술

오징어로 술을 담그는 것을 아는 사람들이 별로 없다. 하지만 민간에서는 옛날부터 가정상비약으로 만들어 놓는데, 위산분비억제, 위산과다의 위통, 손발통증에 탁월한 효과가 있는 약술이다.

▶약재의 효능

술을 담글 때 구운 오징어와 건오징어를 함께 사용하는 것은, 약효가 약간 차이가 있기 때문에 각기 다른 효능을 얻기 위해서이다. 염증과 통증을 진정시켜준다. 술이 완성되어도 오징어를 그대로 넣어두면 오랫동안 엑기스가 빠져나온다.

▶준비할 재료

구운 오징어 1마리 · 마른 오징어 2마리 · 청주 재료의 3배.

▶약술 만드는 방법

1. 오징어 몸통 3마리를 잘게 찢는다.
2. ❶과 다리를 주둥이가 넓은 용기에 넣는다.
3. ❷에 청주를 붓고 밀봉해 서늘한 곳에 둔다.
4. 3개월 이상 숙성시키면 완성된다.

▶음용하는 방법

아침식전과 저녁식후에 소주잔 한 잔씩 마시면 된다.

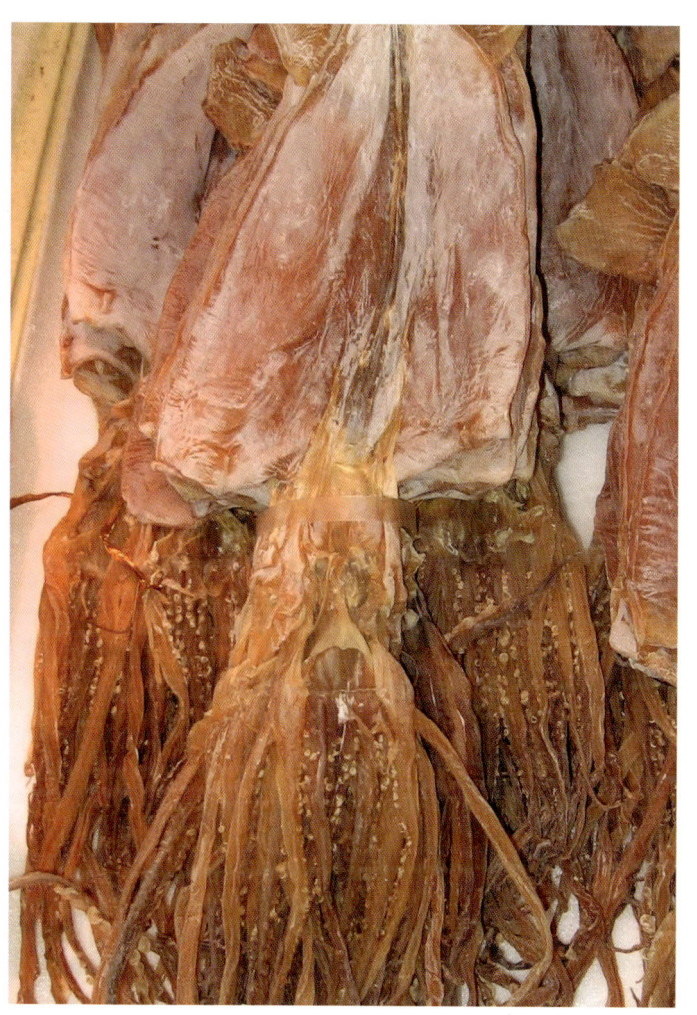

옥죽술

가늘게 썬 옥죽(玉竹)을 넣어 담근 술이다. 옥죽은 둥굴레의 약재명이다. 3백일을 장복하면 귀신을 보고, 신선이 되어 승천한다는 전설도 있다.

▶ 약재의 효능

혀가 건조하면서 나타나는 갈증에 쓰이고, 아드레날린에 의한 고혈당 속의 혈당을 억제시켜준다. 특히 허약체질을 개선시키고 원활한 혈액순환과 강심작용을 한다.

▶ 준비할 재료

옥죽 200g · 소주 1ℓ · 설탕 100g · 미림 50㎖.

▶ 약술 만드는 방법

1. 잘게 썬 옥죽을 주둥이가 넓은 용기에 넣는다.
2. ❶에 소주를 붓고 밀봉해 서늘한 곳에 둔다.
3. 침전을 막기 위해 5일 정도 하루 1회 용기를 흔들어준다.
4. 1주일 후 건더기를 걸러내고 설탕과 미림을 넣는다.
5. ❹에 생약찌꺼기 1/10을 넣어 밀봉해 서늘한 곳에 둔다.
6. 한 달 후 맑은 술을 따라낸다.
7. 천으로 건더기를 걸러내고 ❻의 술과 합치면 완성된다.

▶ 음용하는 방법

아침 · 저녁 공복에 30㎖씩 하루 2회 마시면 된다.

용안술

무환자나무과의 상록교목으로 열매를 용안이나 계원으로 부르고 과육처럼 투명한 것을 가종피라고 한다. 이것이 마르면 검은 갈색으로 변하는데, 말린 것을 용안육이나 복육이라고 한다.

▶ 약재의 효능

건망증 · 건위 · 진정 · 불면 · 신경쇠약 · 정신불안 · 병후 쇠약증에 효과적이다. 또한 정신이 안정되고 혈색이 밝아지면서 피부가 윤택해지고 살결이 고와진다.

▶ 준비할 재료

용안육 100g · 소주 1l · 설탕 50g · 미림 50㎖ · 벌꿀 50㎖.

▶ 약술 만드는 방법

1. 용안육을 주둥이가 넓은 용기에 담는다.
2. ❶에 소주를 붓고 밀봉해 서늘한 곳에 둔다.
3. 침전을 막기 위해 5일간 매일 용기를 흔들어준다.
4. 10일 후에 천으로 건더기를 걸러내고 설탕을 넣는다.
5. ❹에 생약건더기 1/5를 넣고 미림과 벌꿀을 넣는다.
6. 한 달 후 천으로 생약건더기를 걸러내면 술이 완성된다.

▶ 음용하는 방법

식전이나 끼니 사이에 20㎖씩 하루 3회 마시면 된다.

우산나물주

국화과의 여러해살이풀로 새순이 올라와 잎이 채 벌어지기 전의 모습이 마치 우산을 접은 모습이라 해서 붙여진 이름이다. 이 나물의 잎은 오래되어도 부드럽기 때문에 봄나물로 인기를 얻고 있다.

▶약재의 효능

맛이 쓰고 매우며 성질이 따뜻하기 때문에 풍과 습을 제거해준다. 그래서 관절염·사지마비·관절통·요통·부종·월경불순·생리통·특정한 암세포억제·해독작용이 뛰어나 독사에 물렸을 때 사용하면 효과가 좋다. 잎은 종기에도 효능이 있다.

▶준비할 재료

말린 우산나물 200g · 소주 2*l*.

▶약술 만드는 방법

1. 준비한 재료를 깨끗하게 씻어 물기를 제거한다.
2. ❶을 주둥이가 넓은 용기에 넣는다.
3. ❷에 소주를 붓고 밀봉해 서늘한 곳에 둔다.
4. 6개월 후 천으로 건더기를 걸러내면 완성된다.

▶음용하는 방법

끼니 사이에 소주잔 1잔씩 하루 1~2회 마시면 된다.

우슬술 (쇠무릎)

우슬은 줄기마다가 구부러져 마치 소 무릎처럼 생겼다고 붙여진 명칭이다. 약재는 뿌리부분만 활용한다.

▶ 약재의 효능

자궁을 흥분시켜 수축을 강하게 만든다. 상반신의 피를 하반신으로 내려 요퇴부의 동통을 완화시켜준다. 노인보약과 함께 성기능이 쇠퇴한 노인의 요각통, 부녀자의 무월경이나 월경통 등에 많이 사용된다. 즉 다리와 허리, 하복부를 강하게 하기 때문에 노인들에게 좋다.

▶ 준비할 재료

우슬 150g · 소주 1ℓ · 설탕 100g.

▶ 약술 만드는 방법

1. 씻어서 잘게 부순 우슬을 주둥이가 넓은 용기에 담는다.
2. ❶에 소주를 붓고 밀봉해 서늘한 곳에 둔다.
3. 5일 동안 하루 1회 가볍게 용기를 흔들어준다.
4. 10일 후 천으로 생약건더기를 걸러내고 설탕을 넣는다.
5. ❹에 생약찌꺼기 1/10을 넣고 밀봉해 서늘한 곳에 둔다.
6. 2개월 후 천으로 생약건더기를 걸러내면 술이 완성된다.

▶ 음용하는 방법

저녁 식전에 20㎖씩 하루 1회 마시면 된다.

우향연육술

우슬과 연육, 향부자의 세 가지 생약의 상호작용으로 여성의 건강에 더 없이 이로운 약술이다.

▶약재의 효능

향부자는 진통·두통·월경불순 등에 좋고, 연육은 자양강장·건위정장에 좋고, 우슬은 이뇨·중풍·강정·관절염·근육통에 좋고, 향부자는 진통·두통·월경불순 등에 좋다.

▶준비할 재료

향부자 30g · 연육 30g · 우슬 30g · 소주 2ℓ · 꿀 100g.

▶약술 만드는 방법

1. 말린 향부자 뿌리와 줄기를 잘게 썰어둔다.
2. 흑갈색의 연육과 황갈색의 우슬 역시 깨끗하게 씻어둔다.
3. ❶과 ❷의 재료들을 주둥이가 넓은 용기에 넣는다.
4. ❸에 소주를 붓고 밀봉해 서늘한 곳에 둔다.
5. 2개월이 지난 후 맑은 술만 따라낸다.
6. 천으로 생약건더기는 걸러내고 ❺의 술과 합친다.
7. ❻에 꿀을 넣으면 약술이 완성된다.

▶음용하는 방법

저녁 식후 20㎖씩 하루 1회 마시면 된다.

향부자

원지 오미자 대추술

이 약술은 세 가지 약제가 어울려 좋은 상호작용을 발휘한다. 진정효과가 있기 때문에 가정상비주로 준비하면 좋다.

▶ 약재의 효능

원지는 신경안정·진정·빈혈·불면증 등에 좋고, 오미자는 강정강장·진해·자양제로 좋고, 대추는 완화작용이 뛰어나 진통을 다스린다.

▶ 준비할 재료

원지 20g · 오미자 20g · 대추 20g · 소주 2l · 꿀 100g.

▶ 약술 만드는 방법

1. 재료를 주둥이가 넓은 용기에 넣는다.
2. ❶에 소주를 붓고 밀봉해 서늘한 곳에 둔다.
3. 4일 동안 침전을 막기 위해 용기를 가볍게 흔들어준다.
4. 10일 후 천으로 생약찌꺼기를 걸러내고 꿀을 넣는다.
5. ❹에 생약찌꺼기 1/10을 넣어 밀봉해 서늘한 곳에 둔다.
6. 2개월 후 맑은 술을 따라낸다.
7. 천으로 생약찌꺼기를 걸러내고 ❻의 술과 합치면 완성된다.

▶ 음용하는 방법

저녁 식후 30ml씩 하루 1회 마시면 된다.

원지

유자주

비타민 C가 100g당 150mg 이상이나 들어 있어 레몬이나 네이블의 3배가 넘는다. 유자는 이전부터 감기·신경통·풍·오심·구토·소화불량·주독 등의 치료에 쓰여 왔고 암의 예방에도 효과적이라고 한다.

▶ 약재의 효능

약효는 건위·거담·해독작용이 있어 기관지·해수·기침·소화불량·숙취 등에 사용되고 있다. 유자에는 비타민 C가 많아 감기와 몸살에 좋고, 비타민 A와 B도 풍부해 신경통·중풍·숙취·피로회복 등에 효능이 있다.

▶ 준비할 재료

유자 600g · 소주 2*l*.

▶ 약술 만드는 방법

1. 유자를 깨끗이 씻어 300g은 껍질을 벗겨 3㎝ 크기로 썬다.
2. 나머지 300g은 껍질을 벗기지 않고 3㎝ 크기로 썬다.
3. ❶과 ❷를 주둥이가 넓은 용기에 넣는다.
4. ❸에 소주를 붓고 밀봉해 서늘한 곳에 둔다.
5. 3개월이 지나면 숙성된 유자주를 맛볼 수 있다.

▶ 음용하는 방법

끼니 사이에 소주잔 1잔씩 하루 1~2회 마시면 된다.

한국의 자연 약술 | 165

육종용술

강장강정을 목적으로 사용되는 대표적인 보정제로 알려져 있다. 특히 허리와 다리의 냉통에 효과적이고, 성기능을 강화시켜주는 상비약으로 유명하다.

▶ 약재의 효능

정력을 강화시켜 양기부족과 남성의 발기불능, 여성의 불감증과 불임에 탁월한 효과가 있다. 이밖에 허리와 다리의 냉통·정력쇠약에도 좋다.

▶ 준비할 재료

육종용 150g · 소주 1ℓ · 설탕 50g · 벌꿀 50㎖.

▶ 약술 만드는 방법

1. 잘게 썬 육종용을 주둥이가 넓은 용기에 넣는다.
2. ❶에 소주를 붓고 밀봉해 서늘한 곳에 둔다.
3. 침전을 막기 위해 5일 동안 하루 1회 용기를 흔들어준다.
4. 7일 후 생약건더기를 걸러내고 설탕, 벌꿀을 넣는다.
5. ❹에 생약건더기 1/10을 넣고 밀봉해 서늘한 곳에 둔다.
6. 한 달 후 천으로 생약건더기를 걸러내면 완성된다.

▶ 음용하는 방법

공복이나 끼니 사이에 20㎖씩 하루 2회 마시면 된다.

율무주

율무를 다른 말로 의이이라고 하는데, 껍질을 벗긴 율무를 의이인으로 부른다. 여성들의 피부미용에 율무쌀은 최고이며, 식용과 한약재로 널리 애용되고 있다.

▶ 약재의 효능

비의 기능이 허약해 습이 순화되지 않고 나타나는 붓기를 치료하고, 비위의 허약으로 소변 량이 적거나, 식욕부진·설사 등에 좋다. 특히 사지마비 동통·근육통증·열내림·폐 농양·맹장염·폐병·원기회복에 탁월하다. 또한 거친 피부·주근깨·피부미용·사마귀 치료에도 효과가 있다.

▶ 준비할 재료

율무쌀 500g · 소주 1ℓ.

▶ 약술 만드는 방법

1. 준비한 재료를 깨끗이 씻어 물기를 제거한다.
2. ❶을 주둥이가 넓은 용기에 넣는다.
3. ❷에 소주를 붓고 밀봉해 서늘한 곳에 둔다.
4. 2일 동안 하루에 1번씩 용기를 흔들어준다.
5. 2개월 후 천으로 건더기를 건져내면 완성된다.

▶ 음용하는 방법

공복에 소주잔 1잔씩 하루 1~2회 마시면 된다.

음양곽술

삼지구엽초 잎을 말린 것을 음양곽이라고 하는데, 예부터 정력제로 알려져 왔으며 선령비주라고 해서 강장강정제로 유명한 술이다.

▶ 약재의 효능

음양곽은 정낭의 충만으로 지각신경계를 자극시켜 간접적인 흥분을 일으킨다. 이에 따라 정액분비가 왕성해지는 것이다. 더구나 말초혈관을 확장시켜 경미한 혈압강하에도 도움이 된다.

▶ 준비할 재료

음양곽 70g · 소주 1l · 설탕 100g.

▶ 약술 만드는 방법

1. 잘게 썬 음양곽을 주둥이가 넓은 용기에 넣는다.
2. ❶에 소주를 붓고 밀봉해 서늘한 곳에 둔다.
3. 5일 동안 하루에 한 번씩 용기를 흔들어준다.
4. 10일 후 천으로 생약건더기를 걸러내고 설탕을 넣는다.
5. ❹에 생약건더기 1/5를 넣고 밀봉해 서늘한 곳에 둔다.
6. 한 달 후 천으로 생약건더기를 걸러내면 술이 완성된다.

▶ 음용하는 방법

식전이나 끼니 사이에 30㎖씩 하루 2회 마시면 된다.

익모사물술

월경이 불순하고 혈색이 좋지 못하며, 거친 피부 · 손발 저림 · 산후조리 등에 탁월한 효과가 있다.

▶ 약재의 효능

익모초를 꺾어 포기 전체를 말린 다음 산후지혈과 복통에 쓴다. 혈압강하, 이뇨, 진정, 진통작용을 한다. 당귀는 성질이 따뜻하고 심장을 보하며 정혈작용을 한다. 인체의 기혈이 혼란해졌을 때 복용하면 원래대로 돌아간다.

▶ 준비할 재료

익모초 20g · 당귀 20g · 천궁 20g · 작약 20g · 소주 1ℓ · 설탕 150g.

▶ 약술 만드는 방법

1. 재료들을 잘게 썰어 주둥이가 넓은 용기에 넣는다.
2. ❶에 소주를 붓고 밀봉해 서늘한 곳에 둔다.
3. 5일 동안 하루 1회씩 용기를 흔들어준다.
4. 10일 후 천으로 생약건더기를 걸러내고 설탕을 넣는다.
5. ❹에 생약건더기 1/5를 넣고 밀봉해 서늘한 곳에 둔다.
6. 한 달 후 맑은 술만 따라낸다.

▶ 음용하는 방법

끼니 사이에 20㎖씩 하루 2회 마시면 된다.

익모초술

혈액순환을 개선해주고 월경을 조절하며 혈독을 해소시켜주는 효능이 있기 때문에 여성 전용 술이라 해도 과언이 아니다. 그래서 옛날부터 산후 생리이상·생리불순·진정진통·부인병 치료제로 널리 사용되어 왔다. 하지만 장기복용이나 많이 먹지 말아야 한다.

▶약재의 효능

자궁근의 수축과 긴장을 주기 때문에 불임을 예방할 수 있다. 따라서 산후 생리이상·생리불순 등 부인병에 좋다.

▶준비할 재료

익모초 150g · 소주 1ℓ · 설탕 100g · 과당 50g.

▶약술 만드는 방법

1. 잘게 썬 익모초를 주둥이가 넓은 용기에 넣는다.
2. ❶에 소주를 붓고 밀봉해 서늘한 곳에 둔다.
3. 5일 정도 하루 한 번씩 용기를 흔들어준다.
4. 7일 후 생약건더기를 걸러내고 설탕과 과당을 넣는다.
5. ❹에 생약건더기 1/5를 넣고 밀봉해 서늘한 곳에 둔다.
6. 한 달 후 나머지 건더기를 걸러내면 술이 완성된다.

▶음용하는 방법

식전이나 끼니 사이에 20㎖씩 하루 3회 마시면 된다.

한국의 자연 약술 | 175

인동술

인동 잎에는 루테올린 이노시톨과 타닌성분이 많이 함유되어 있기 때문에 위장을 튼튼하게 해주고 감기나 타박상에 효과가 뛰어나다.

▶ 약재의 효능

이 술은 신장질환에 탁월하고 급·만성 신염·방염·이뇨·해독·건위·정혈작용을 한다. 인동덩굴은 해열과 정혈, 소염과 진통에 약효가 있고, 금은화꽃(인동꽃)은 산열해독과 소종·거농과 소염·청혈과 살균작용·화농성 질환 등에도 좋다. 인동은 다년초덩굴로 한약재로 많이 쓰인다.

▶ 준비할 재료

인동꽃 100g · 줄기 또는 잎 100g · 소주 2*l* · 설탕 70g.

▶ 약술 만드는 방법

1. 재료를 주둥이가 넓은 용기에 넣는다.
2. ❶에 소주를 붓고 밀봉해 서늘한 곳에 둔다.
3. 2개월 후에 천으로 생약건더기를 걸러낸다.
4. ❸에 설탕을 넣으면 술이 완성된다.

▶ 음용하는 방법

정해진 것은 없지만 많이 먹지 말아야 한다.

인삼술

인삼은 예로부터 원기향상, 피로회복, 무기력한 체질을 개선해준다.

▶ 약재의 효능

소화기를 튼튼하게 하고 적혈구와 혈색소를 증가시킨다. 골수의 대사촉진작용으로 백혈구를 증식시켜준다. 폐활량을 늘여주고 땀을 많이 흘릴 때 좋다. 배뇨량을 감소시키고 발열성 질환과 탈수에 의한 갈증을 해결해준다. 단 혈압이 높으면 먹지 말아야 한다.

▶ 준비할 재료

인삼 15g · 소주 1ℓ · 설탕 100g · 벌꿀 50g.

▶ 약술 만드는 방법

1. 잘게 썬 인삼을 용기에 넣는다.
2. ❶에 소주를 붓고 밀봉해 서늘한 곳에 둔다.
3. 5일 정도 하루 한 번씩 용기를 흔들어준다.
4. 10일 후에 생약찌꺼기를 걸러내고 설탕과 벌꿀을 넣는다.
5. ❹에 생약찌꺼기를 1/10을 넣고 밀봉해 서늘한 곳에 둔다.
6. 한 달 후 맑은 술을 따라낸다.

▶ 음용하는 방법

아침 · 저녁 식전에 20㎖씩 하루 2회 마시면 된다.

자실술

『신농본초강목』에 개오동나무의 잎은 소종약으로 쓰이고 백피는 살충제로 사용되었다고 적고 있다. 이 식물의 과실을 약용으로 사용하는데, 현대약학에서 자실이라고 이름을 붙였다.

▶ 약재의 효능

자실은 천연이뇨제로 부작용이 없다. 그래서 부종과 신장 기능장애 및 혈압조정에 이용되는 약재이다. 간암·간경화·간홍·간위·백혈병 등의 난치병에 탁월하다.

▶ 준비할 재료

개오동열매 200g · 소주 1ℓ · 설탕 100g · 과당 50g.

▶ 약술 만드는 방법

1. 잘게 썬 개오동열매를 용기에 넣는다.
2. ❶에 소주를 붓고 밀봉해 서늘한 곳에 둔다.
3. 5일 동안 하루에 한 번씩 용기를 흔들어준다.
4. 10일 후 생약건더기를 걸러내고 설탕과 과당을 넣는다.
5. ❹에 생약찌꺼기 1/5를 넣고 밀봉해 서늘한 곳에 둔다.
6. 한 달 이후 천으로 생약건더기를 걸러내면 완성된다.

▶ 음용하는 방법

식전에 30㎖씩 하루 3회 마시면 된다.

한국의 자연 약술

자작나무주

자작나무 수액은 여성산후증·건위·이뇨·식욕촉진·위장질환·신경안정 등에 좋다. 또 천연 미네랄이 많아 피부에 영양공급이 탁월해 피부관리에 으뜸이다.

▶약재의 효능

피부미용·노화방지·보습효과·구강효과 등에 효과가 있다. 또 혈액정화·신진대사·항염증효과·상처·아토피성피부질환개선·면역강화·체내출혈 후 회복이 빠르다. 특히 만성기관지염·급성편도염·치주염·여드름·두드러기·화상 등에 효과가 크다.

▶준비할 재료

말린 자작나무껍질 150g·소주 2ℓ.

▶약술 만드는 방법

1. 준비한 재료를 깨끗이 씻어 물기를 제거한다.
2. ❶을 주둥이가 넓은 용기에 넣는다
3. ❷에 소주를 붓고 밀봉해 서늘한 곳에 둔다.
4. 3일 동안 하루에 1번씩 용기를 흔들어준다.
5. 6개월 후 천으로 건더기를 걸러내면 완성된다.

▶음용하는 방법

끼니 사이에 소주잔 1잔씩 하루 2회 마시면 된다.

차조기주

차조기에는 청차조기 · 붉은차조기, 잎이 주름진 쫄쫄이차조기 등 다양하다. 차조기는 중국에서 들어온 것인데, 차조기름을 등불기름으로 사용했다. 말린 잎을 소엽이라고 하는데 발한 · 해열 · 기침 등을 다스린다.

▶ 약재의 효능

잎은 기운을 보하고 혈액순환을 개선하며, 소화를 돕는다. 또 몸을 데워주고 풍과 한기를 제거하며, 땀을 나게 한다. 기침을 멈추고 마음을 진정시키며, 폐와 장기를 윤택하게 한다.

▶ 분비할 재료

차조기 · 잎 · 줄기 · 꽃 · 씨앗 300g · 소주 2ℓ.

▶ 약술 만드는 방법

1. 준비한 재료를 깨끗이 씻어 물기를 제거한다.
2. 잎과 줄기를 2cm 크기로 썰어둔다.
3. ❶과 ❷를 주둥이가 넓은 용기에 넣는다.
4. ❸에 소주를 붓고 밀봉해 서늘한 곳에 둔다.
5. 3일 동안 하루에 1번씩 용기를 흔들어준다.
6. 3개월 후에 천으로 건더기를 건져내면 완성된다.

▶ 음용하는 방법

끼니 사이에 소주잔 1잔씩 하루 1~2회 마시면 된다.

창포주

창포를 장복하면 귀와 눈이 밝아지고 목소리가 고와지며 몸이 따뜻해지면서 장수한다. 창포를 가까이 두면 눈의 피로가 없어진다.

▶ 약재의 효능

창포는 맵고 성질이 따뜻해 감각을 각성시키고 담을 제거해주면서 기의 순환조절과 혈액순환을 다스려 풍과 습을 제거해준다. 간질이나 정신신경이 호전되고 피부질환을 예방하며, 건망·위통·복통·타박상 등에도 효과가 있다.

▶ 준비할 재료

창포 잎 400g · 소주 2l .

▶ 약술 만드는 방법

1. 재료를 깨끗이 씻어 물기를 제거하고 3㎝ 크기로 자른다.
2. ❶을 주둥이가 넓은 용기에 넣는다.
3. ❷에 소주를 붓고 밀봉해 서늘한 곳에 둔다.
4. 4일 동안 하루에 1번씩 용기를 흔들어준다.
5. 3개월 후 천으로 건더기를 걸러내면 완성된다.

▶ 음용하는 방법

끼니 사이에 소주잔 1잔씩 하루 1~2잔 마시면 된다.

정향술

금양과의 상록소교목으로 꽃이 피기 전 꽃봉오리를 수집해 말린 것을 정향이나 정자라고 한다. 꽃향기가 강해 분말로 사용하거나 또는 물이나 증기로 정제해 정향유로 사용한다.

▶ 약재의 효능

식품과 약품 및 방부제로 사용하거나, 발작증과 치과 진통제로도 쓴다. 서양에서 스파이스(매운 향신료)로 유명하다.

▶ 준비할 재료

정향 100g · 소주 1ℓ · 설탕 70g · 과당 30g.

▶ 약술 만드는 방법

1. 정향을 가늘게 썰어 주둥이가 넓은 용기에 넣는다.
2. ❶에 소주를 붓고 밀봉해 서늘한 곳에 둔다.
3. 하루 한 번씩 용기를 가볍게 흔들어준다.
4. 10일 후 생약건더기를 걸러내고 설탕과 과당을 넣는다.
5. ❹에 생약건더기 1/10을 넣고 밀봉해 서늘한 곳에 둔다.
6. 한 달 후 생약건더기를 걸러내면 술이 완성된다.

▶ 음용하는 방법

식전에 20㎖씩 하루 3회 마시면 된다.

한국의 자연 약술

제비꽃술

노란제비꽃은 비오라기 산진이 많이 들어 있어 효능이 자색보다 강하다. 동상이 걸렸을 때 제비꽃 즙에 담가 따뜻하게 해주면 좋다. 동상과 진정·최면과 건위·부인병과 부종을 비롯해 혈압강하에 탁월하다.

▶약재의 효능

제비꽃의 어린순은 나물로도 식용하며 풀 전체가 해독과 소염, 소종과 지사를 비롯해 이뇨에 효능이 있다. 또 황달과 간염 및 수종 등에도 사용되지만, 향료로도 사용하고 있다.

▶준비할 재료

활짝 핀 제비꽃 적당량·소주는 재료의 3배.

▶약술 만드는 방법

1. 활짝 핀 꽃을 손질해 주둥이가 넓은 용기에 넣는다.
2. ❶에 소주를 붓고 밀봉해 서늘한 곳에 둔다.
3. 한 달 후 천으로 건더기를 걸러내면 술이 완성된다.

▶음용하는 방법

정해진 것은 없지만 적당한 시간을 정해 마시면 된다.

죽순주

『동의보감』에 '죽순은 맛이 달고 성질이 차갑기 때문에 번열과 갈증을 해소한다. 또 원기회복에 효과가 있다. 그러나 많은 양을 섭취하면 찬 성질 때문에 배가 차가워진다'라고 적혀 있다. 그래서 손발이 차거나 입술이 푸른색을 띠는 사람은 많이 먹지 말아야 한다.

▶ 약재의 효능

기력을 안정시키고 혈액순환을 촉진시켜준다. 체내의 풍과 담을 제거해주기 때문에 신경통치료에 효과가 있다.

▶ 준비할 재료

죽순 300g · 소주 2ℓ.

▶ 약술 만드는 방법

1. 재료를 씻어 물기를 제거하고 3등분으로 잘라둔다.
2. ❶을 주둥이가 넓은 용기에 넣는다.
3. ❷에 소주를 붓고 밀봉해 서늘한 곳에 둔다.
4. 4일 동안 하루에 1번씩 용기를 흔들어준다.
5. 3개월 후 건더기를 건져낸다.
6. ❺를 8개월 정도 숙성시키면 완성된다.

▶ 음용하는 방법

끼니 사이에 소주잔 1잔씩 하루 1~2회 마시면 된다.

한국의 자연 약술 | 193

쥐똥나무주

예로부터 당뇨에 효능이 있고 정력강화에 좋기 때문에 남정목으로 불리며, 강장 · 지혈 · 허약체질 · 식은땀 · 토혈 · 혈변 등을 다스린다.

▶ 약재의 효능

당뇨 · 토혈 · 허약체질 · 각기 · 강장보호 · 신기허약 등에 좋다. 또 고혈압과 양기부족, 각종 암, 이명증에 효과가 탁월하다.

▶ 준비할 재료

말린 쥐똥나무 열매 200g · 소주 2*l*.

▶ 약술 만드는 방법

1. 준비한 재료를 깨끗이 씻어 물기를 제거한다.
2. ❶을 주둥이가 넓은 용기에 넣는다.
3. ❷에 소주를 붓고 밀봉해 서늘한 곳에 둔다.
4. 침전을 막기 위해 4일 동안 하루에 1번씩 용기를 흔들어준다.
4. 7개월 후 천으로 건더기를 걸러내면 완성된다.

▶ 음용하는 방법

끼니 사이에 소주잔 1잔씩 하루 1~2회 마시면 된다.

진달래술(두견주)

진달래는 봄이 되면 연분홍색의 꽃이 산을 뒤덮을 정도로 흔하다. 꽃잎으로 빚은 술을 두견주라고 한다.

▶ 약재의 효능

엷은 분홍색을 띤 이 술은 맛과 향뿐만이 아니라 이뇨·천식·신경통·두통 등에 효능이 있고 여성의 냉증·류머티즘·생리통·해열 등에 탁월하다. 한방에서는 꽃을 영산홍이라는 약재로 쓰이는데, 해수와 기관지염 및 감기에 의한 두통 등에도 효과가 있다.

▶ 준비할 재료

진달래꽃 적당량·소주 재료의 3배.

▶ 약술 만드는 방법

1. 진달래꽃만 골라서 깨끗하게 씻은 다음 물기를 제거한다.
2. 채반에 널어 말린 다음 주둥이가 넓은 용기에 넣는다.
3. ❷에 소주를 붓고 밀봉해 서늘한 곳에 둔다.
4. 3개월 후 꽃잎건더기를 걸러내면 술이 완성된다.
5. ❹를 1~2개월 더 숙성시키면 맛이 한결 부드러워진다.

▶ 음용하는 방법

정해진 음용법은 없지만 지나치게 마시지 말아야 한다.

천문동술

술을 담글 때는 뿌리를 잘 씻어 2~3분 정도 열탕으로 데쳐서 말린 다음에 사용한다. 전신 기력회복과 호흡기를 튼튼하게 해주며, 중년 이후 마시면 매우 유익한 약술이다. 맥문동술도 천문동술과 동일한 효능이다.

▶ 약재의 효능

심·폐·위에 작용하고, 신경을 진정시켜 심복결기증세를 치료한다. 심장을 강하게 만들기 때문에 순환기질환에 효과가 많다.

▶ 준비할 재료

천문동 적당량·소주는 재료의 5배.

▶ 약술 만드는 방법

1. 생약 천문동을 주둥이가 넓은 용기에 넣는다.
2. ❶에 소주를 붓고 밀봉해 서늘한 곳에 둔다.
3. 3개월 후 술이 익는데, 이때 생약건더기를 그대로 두는 것이 좋다.

▶ 음용하는 방법

정해진 음용방법은 없으며 기호에 맞게 꿀이나 설탕을 가미해도 좋다.

찔레술

찔레는 장미과에 속하는 덩굴식물로서 산과 들에서 흔하게 볼 수 있다. 5~6월경 꽃이 피고 가을에 열매가 열리는데, 이것을 한방재로 사용한다.

▶약재의 효능

노인이 소변이 원활하지 못하거나, 전신이 붓거나, 불면증, 건망증, 피로, 성기능감퇴, 종기, 악창, 변비, 월경통, 혈액순환개선, 월경불순, 식용증진 등에 효과가 있다. 관상동맥을 확장시키고 체내지방과 단백질 대사를 개선시킨다.

▶준비할 재료

찔레꽃이나 열매 200g · 소주 1ℓ · 설탕 10g.

▶약술 만드는 법

1. 준비한 재료를 깨끗이 씻어 물기를 제거한다.
2. ❶을 주둥이가 넓은 용기에 넣는다.
3. ❷에 소주를 붓고 설탕을 넣어 밀봉해 서늘한 곳에 둔다.
4. 3일 동안 하루에 1번씩 용기를 흔들어준다.
5. 6개월 후에 천으로 건더기를 걸러내고 1년 이상 숙성시키면 완성된다.

▶음용하는 방법

끼니 사이에 30㎖씩 하루 1~2회 마시면 된다.

치자술

술을 담글 때는 꽃과 열매를 사용하는데, 꽃은 활짝 피기 직전의 것과 열매는 완전히 익은 것을 사용한다.

▶ 약재의 효능
치자는 급성황달형 간염에 효능이 있어서 간장기능을 활성화시키는데 쓰인다. 피부 진정작용과 진균억제 · 소염 · 지열작용 · 피로회복 · 이뇨 · 해열 · 식욕증진 등에 탁월하다.

▶ 준비할 재료
치자 열매나 꽃 500g · 소주 2*l* .

▶ 약술 만드는 방법
1. 재료를 씻은 다음 주둥이가 넓은 용기에 넣는다.
2. ❶에 소주를 붓고 밀봉해 서늘한 곳에 둔다.
3. 꽃술은 2개월 후에 엷은 황색을 띤다. 열매술는 4개월 지나면 등황색이 된다. 익지 않은 열매는 녹갈색이 된다. 따라서 꽃술은 2개월, 열매술은 4개월 후 건더기를 걸러내면 완성된다.

▶ 음용하는 방법
정해진 음용법이 없다.

칠보술

일곱 가지 약재가 혼합되어 몸을 보하는 술.

▶ 약재의 효능

하수오는 자양강장·식욕부진·피로권태·노화예방·허약체질·위장 쇠약에 탁월하다. 파고지·토사자·구기자 등은 노화예방에 효과가 있다. 복령과 우슬의 이뇨작용, 하반신 강화에 효과가 있다.

▶ 준비할 재료

하수오 40g · 파고지 20g · 복령 20g · 토사자 30g · 구기자 20g · 당귀 15g · 우슬 15g · 소주 1000㎖ · 설탕 100g · 과당 80g.

▶ 약술 만드는 방법

1. 구기자·토사자·파고지를 깨끗이 씻어둔다.
2. 물에 씻은 다른 생약은 잘게 썰어서 둔다.
3. ❶과 ❷를 주둥이가 넓은 용기에 넣는다.
4. ❸에 소주를 붓고 밀봉해 서늘한 곳에 둔다.
5. 10일 후 생약건더기를 걸러내고 설탕과 과당을 넣는다.
6. ❺에 생약건더기 1/5를 넣고 밀봉해 서늘한 곳에 둔다.
7. 한 달 후 맑은 술만 따라낸다.

▶ 음용하는 방법

끼니 사이에 20㎖씩 하루 3회 마시면 된다.

파고지

칡술

칡에는 여성호르몬 에스트로겐을 대체하는 식물성 에스트로겐이 콩보다 30배가 많아 갱년기의 폐경기 여성에게 효과가 좋다. 더구나 골다공증에도 좋은 효능이 있다.

▶ 약재의 효능
토혈이 멈추지 않을 때 요통에 생칡즙을 마시면 해결된다. 미역에 체했을 때 갈근을 진하게 달여 마시면 된다. 당뇨에는 칡잎으로 맑은 즙을 내어 하루에 소주잔으로 두 잔씩 3회를 마시면 효과가 있다.

▶ 준비할 재료
칡 1kg · 소주 3ℓ.

▶ 약술 만드는 방법
1. 갈근을 5㎝ 길이로 자른 다음 5㎝ 두께로 찢어 말린다.
2. ❶을 주둥이가 넓은 용기에 넣는다.
3. ❷에 소주를 붓고 밀봉해 서늘한 곳에 둔다.
4. 3개월이 지나면 술이 완성된다.
5. 찌꺼기를 걸러내고 소주를 더 붓고 밀봉해 둔다.

▶ 음용하는 방법
용량이 정해져 있지 않지만 지나치게 섭취해서는 안 된다.

탱자주

탱자는 기운을 북돋우고 보해주며 어혈을 풀어준다. 탱자는 어리고 작을수록 약성이 강해서 주의해야 한다. 성질이 차가워 상복이나 장복을 금하는 것이 좋다.

▶ 약재의 효능

탱자의 특성은 가려운 피부를 완화시켜주는 것이다. 때문에 접촉성 피부염·두드러기·무좀·백선·습진·옴 등에 효과가 탁월하다. 또 나이로 인해 피부가 노쇠해 건조해지고 지방분이 부족해 가려울 때도 좋다.

▶ 준비할 재료

탱자 150g · 설탕 50g · 소주 2l .

▶ 약술 만드는 방법

1. 준비한 재료를 깨끗이 씻어 물기를 제거한다.
2. ❶을 주둥이가 넓은 용기에 넣는다.
3. ❷에 소주를 붓고 설탕을 넣어 밀봉해 서늘한 곳에 둔다.
4. 4일 동안 하루에 1번씩 용기를 흔들어준다.
5. 한 달 후 탱자를 건져내 천으로 술을 짜면 완성된다.

▶ 음용하는 방법

끼니 사이에 소주잔 1잔씩 하루 2~3회 마시면 된다.

한국의 자연 약술 | 209

토사자술

고대 중국의 유명한 강정제에 대부분 토사자가 사용되었다. 노화로 인한 장기의 기능약화로 몸이 쇠약할 때 탁월하다. 또한 체력부족을 보충하고 정력을 활발하게 해준다.

▶약재의 효능

하반신의 기능이 약해 힘이 없거나 음위의 기를 보해주는 효력이 있다. 이밖에 식욕부진과 설사기가 있는 강장에도 좋다.

▶준비할 재료

토사자 100g 소주 1l · 설탕 100g · 과당 50g.

▶약술 만드는 방법

1. 깨끗하게 씻은 토사자를 용기에 넣는다.
2. ❶에 소주를 붓고 밀봉해 서늘한 곳에 둔다.
3. 1주일 후 맑은 술은 따라낸다.
4. 천으로 생약건더기를 걸러내고 설탕과 과당을 넣는다.
5. ❹에 생약건더기를 1/5를 넣고 밀봉해 서늘한 곳에 둔다.
6. 한 달 후 천으로 생약건더기를 걸러내면 완성된다.

▶음용하는 방법

식전이나 끼니 사이에 20ml씩 하루 2회 마시면 된다.

팽나무주

팽나무는 성질이 평온하고 약간 쓰지만, 독성이 없다. 나무껍질은 회색으로 1년생 가지는 녹색, 2년생 가지는 갈색을 띤다.

▶ 약재의 효능

봄에 돋는 새순은 나물로 식용하고 열매는 그대로 먹거나 기름을 짠다. 잔가지는 혈액순환을 원활하게 해주고 요통과 관절염, 습진과 종기 등을 다스린다. 잔가지에는 인돌, 스카톨 등의 성분이 들어 있어 진통과 종기치료에 효능이 좋다. 이밖에 냉대하·관절염·불면증 등에도 쓰이고 있다.

▶ 준비할 재료

말린 팽나무껍질 150g · 소주 2l .

▶ 약술 만드는 방법

1. 재료를 깨끗이 씻어 물기를 제거하고 잘게 썬다.
2. ❶을 주둥이가 넓은 용기에 넣는다.
3. ❷에 소주를 붓고 밀봉해 서늘한 곳에 둔다.
4. 4일 동안 하루에 1번씩 용기를 흔들어준다.
5. 8개월 후 천으로 건더기를 걸러내면 완성된다.

▶ 음용하는 방법

끼니 사이에 소주잔 1잔씩 하루 1~2회 마시면 된다.

하늘타리주

하늘타리는 뿌리·과육·씨앗 등 모두를 약재로 사용한다. 뿌리를 썰어서 말린 것을 과루근이라 부르고, 과육은 과루실로 부르며, 씨앗은 과루인이라고 부른다. 맛이 달고 쓰며 성질이 차갑다. 몸이 냉한 사람이 장복하면 냉중에 걸릴 가능성도 있다.

▶ 약재의 효능

하늘타리 열매는 트리테르페노이드, 사포닌이 주성분인데, 이것은 복수 암세포를 죽이는 작용을 한다. 열매의 항암작용은 씨앗보다 열매껍질이 앞선다.

▶ 준비할 재료

말린 열매 300g · 소주 2l.

▶ 약술 만드는 방법

1. 준비한 재료를 깨끗이 씻어 물기를 제거한다.
2. ❶을 주둥이가 넓은 용기에 넣는다.
3. ❷에 소주를 붓고 밀봉해 서늘한 곳에 둔다.
4. 4일 동안 하루에 1번씩 용기를 흔들어준다.
5. 6개월 후 천으로 건더기를 걸러내면 완성된다.

▶ 음용하는 방법

끼니 사이에 소주잔 1잔씩 하루 1~2회 마시면 된다.

하수오술

하수오의 성분은 레시틴·크리소파놀·에모진·타닌·부신피질 호르몬과 비슷한 물질도 함유되어 있다. 이에 따라 자양강장·익정보혈·허약체질·요각권태무력·조기노화·우울증에 좋다.

▶ 약재의 효능

하수오는 약용식물로 재배되는데, 고구마처럼 붉은빛을 띤 갈색덩이뿌리다. 강장제, 강정제, 완하제 등으로 사용된다. 혈청콜레스테롤을 내려주고 장의 운동을 촉진시켜 변비를 예방해주며, 동맥경화도 예방해준다.

▶ 준비할 재료

하수오 100g · 소주 1ℓ · 설탕 50g · 과당 50g.

▶ 약술 만드는 방법

1. 하수오를 잘게 썰어 주둥이가 넓은 용기에 넣는다.
2. ❶에 소주를 붓고 밀봉해 서늘한 곳에 둔다.
3. 4일 동안 하루에 한 번씩 용기를 흔들어준다.
4. 10일 후 생약건더기를 걸러내고 설탕과 과당을 가미한다.
5. ❹에 생약찌꺼기 1/10을 넣고 밀봉해 서늘한 곳에 둔다.
6. 2개월 후 맑은 술을 따라낸다.

▶ 음용하는 방법

아침·저녁 20㎖씩 하루 2회 마시면 된다.

합개술

합개술은 자양강장·음위·성기능감퇴·만성피로·아랫도리의 쇠약·양노 등에 좋은 효과가 있다.

▶약재의 효능

합개는 중국에 서식하는 도마뱀을 말린 것이다. 몸길이 20㎝, 삼각형 대가리에 입이 메기처럼 크고 회색이거나 갈색이다. 암수의 관계는 원앙새와 같고 약효는 인삼이나 녹용을 능가할 정도다. 따라서 이 약술은 정력을 향상시키고 신허 요통과 불면증 및 피로해소에 매우 좋다.

▶준비할 재료

합개 100g · 소주 1ℓ · 설탕 100g.

▶약술 만드는 방법

1. 잘게 부순 합개를 용기에 넣는다.
2. ❶에 소주를 붓고 밀봉해 서늘한 곳에 둔다.
3. 2주 후 천으로 건더기를 걸러내고 설탕을 넣는다.
4. ❸에 생약건더기 1/10을 넣고 밀봉해 서늘한 곳에 둔다.
5. 2개월 후에 천으로 건더기를 걸러내면 술이 완성된다.

▶음용하는 방법

끼니 사이에 20㎖씩 하루에 3회 마시면 된다.

한국의 자연 약술 | 219

해당화술

해당화 열매에는 비타민 C, 제날리올 등이 풍부해 피로회복, 식욕증진, 강장에 효과가 있다. 폴리페놀 성분은 식물이 광합성할 때 생기는 색소 쓴맛 성분으로 다양한 분야에 사용되고 있다.

▶ 약재의 효능

당뇨병에 특효이며 뇌졸중과 고혈압, 간 보호와 복부비만을 비롯해 심근경색 · 치통 · 설사 · 관절염 · 위장강화 · 토혈 · 각종성인병 · 장염 · 피로회복 · 식용증진 · 혈액순환 · 자양강장 · 건위 · 습비 · 유선염 · 풍습 등을 다스린다.

▶ 준비할 재료

밀린 꽃과 열매 각 200g · 소주 2l.

▶ 약술 만드는 방법

1. 준비한 재료를 깨끗이 씻어 물기를 제거한다.
2. ❶을 주둥이가 넓은 용기에 넣는다.
3. ❷에 소주를 붓고 밀봉해 서늘한 곳에 둔다.
4. 4일 정도 하루에 1번씩 용기를 흔들어준다.
5. 3개월 후 천으로 건더기를 걸라내면 완성된다.

▶ 음용하는 방법

끼니 사이에 소주잔 1잔씩 하루 1~2회 마시면 된다.

홍화주

종자에서 짠 기름에는 리놀산이 풍부해 동맥경화증예방과 치료에 효과가 있다. 또한 부인의 강장과 생리통, 무월경과 생리불순을 비롯해 냉증을 다스린다.

▶ 약재의 효능

이른 아침이슬에 젖은 꽃잎을 따서 말린 것을 홍화라고 한다. 한방에서는 부인의 강장·생리통·무월경·생리불순·냉증 등을 다스리고 정혈제로서 혈액순환장애로 나타나는 부인병에 효과적이다. 열매로 기름을 짜서 불을 밝히기도 하고 식용으로도 사용했다.

▶ 준비할 재료

홍화 50g · 소주 1ℓ · 설탕 100g.

▶ 약술 만드는 방법

1. 깨끗하게 장만한 홍화를 용기에 넣는다.
2. ❶에 소주를 붓고 밀봉해 서늘한 곳에 둔다.
3. 10일 후 천으로 생약건더기를 걸러내고 설탕을 넣는다.
4. ❸에 생약건더기 1/10을 넣고 밀봉해 서늘한 곳에 둔다.
5. 한 달 후 생약건더기를 걸러내면 술이 완성된다.

▶ 음용하는 방법

식전이나 끼니 사이에 20㎖씩 하루 3회 마시면 된다.

한국의 자연 약술 | 223

황기술

이 술은 자양강장과 지한, 이뇨와 주종, 류머티즘 관절염에 효과적이다.

▶ 약재의 효능

황기는 중추신경계를 흥분시키고 당뇨를 치료해준다. 혈관확장작용도 있기 때문에 혈액순환장애를 개선시켜 피로성 심장쇠약에 이용된다. 원기를 회복시켜주고 힘없는 목소리와 무력감, 피로를 자주 느끼는 체질에 알맞다.

▶ 준비할 재료

황기 100g · 소주 1*l* · 설탕 50g.

▶ 약술 만드는 방법

1. 잘게 부순 황기를 용기에 넣는다.
2. ❶에 소주를 붓고 밀봉해 서늘한 곳에 둔다.
3. 5일 동안 매일 한 번씩 용기를 흔들어준다.
4. 10일 후 천으로 생약건더기를 건져내고 설탕을 넣는다.
5. ❹에 생약건더기 1/10을 넣고 밀봉해 서늘한 곳에 둔다.
6. 한 달 후 윗부분의 맑은 술만 따라낸다.
7. 천으로 생약건더기를 걸러내고 ❻과 합치면 완성된다.

▶ 음용하는 방법

아침 · 저녁 식전이나 끼니 사이에 30㎖씩 하루 2회 마신다.

황정술

황정술은 자양강장과 허약체질이나, 자주 피로가 쌓일 때나, 병후회복기 등에 매우 효과적이다.

▶ 약재의 효능

일반적으로 둥굴레를 황정이라고 부른다. 이른 봄 싹이 나오기 전의 뿌리를 캐서 잘 씻은 다음 건조시키거나, 꿀물이나 술에 하룻밤 담가두었다가 증기로 쪄서 말린 것을 약재로 사용한다. 또 추위에 대한 내성을 길러주고 안색을 좋게 하며 장수에 도움이 된다. 병후 쇠약해졌거나 영양이 불량할 때 좋다. 황정을 장복하면 발기력이 강해진다.

▶ 준비할 재료

황정 100g · 소주 1ℓ · 설탕 80g · 미림 30㎖.

▶ 약술 만드는 방법

1. 황정을 잘게 썰어서 용기에 넣는다.
2. ❶에 소주와 미림을 붓고 밀봉해 서늘한 곳에 둔다.
3. 7일 후에 생약건더기를 걸러내고 설탕을 넣는다.
4. ❸에 생약건더기 1/10을 넣고 밀봉해 서늘한 곳에 둔다.
5. 한 달 후 윗부분의 맑은 술만 따라낸다.

▶ 음용하는 방법

아침 · 저녁 공복에 20㎖씩 하루 2회 마시면 된다.

회향후박술

이 약술은 복부팽만감과 식용부진·구풍과 오심·건위와 소화불량 등에 매우 효과적이다.

▶ 약재의 효능

소회향은 생강과 짝을 이뤄 위액분비를 도와 소화력을 향상시킨다. 헛배가 부르는 증상에 후박과 협력해 가스발생을 억제시킨다.

▶ 준비할 재료

소회향 35g · 후박 35g · 생강 35g · 소주 1ℓ · 설탕 100g.

▶ 약술 만드는 방법

1. 소회향은 그대로 잘게 썬 생강과 후박을 준비한다.
2. ❶을 주둥이가 넓은 용기에 넣는다.
3. ❷에 소주를 붓고 밀봉해 서늘한 곳에 둔다.
4. 5일 동안 하루에 한 번씩 용기를 흔들어준다.
5. 10일 후 천으로 생약건더기를 걸러내고 설탕을 넣는다.
6. ❺에 생약건더기 1/5을 넣고 밀봉해 서늘한 곳에 둔다.
7. 한 달 후 윗부분의 맑은 술만 따라낸다.

▶ 음용하는 방법

식전이나 끼니 사이에 20㎖씩 하루 2~3회 마시면 된다.

먹어서는 안 되는 독(毒)풀

:: 금낭화

지역에 따라 독을 충분히 우려낸 후 먹는 곳도 있지만, 독성이 강해 먹으면 안 된다.

:: 괴불주머니

지역에 따라 연한 잎을 충분히 우려내어 데쳐서 먹는 곳도 있지만, 독성이 강해 나물로 먹으면 안 된다.

:: 꽈리

한방에서 식물 전체를 말린 것을 이뇨제나 해열제로 쓴다. 새싹·잎·뿌리에 독이 있다.

:: 대극

잎과 줄기를 뜯으면 하얀 즙이 옻나무처럼 살갗에 옻을 일으키고 독성이 강해 먹으면 안 된다.

:: 동의나물

곰취와 비슷하여 혼동할 수 있다. 독성이 강해 먹으면 안 된다.

:: 미나리아재비
지역에 따라 어린잎을 데쳐서 충분히 우려내고 먹는 곳도 있지만 독성이 강해 먹으면 안 된다.

:: 복수초
식물 전체에 독성이 있어 먹으면 안 된다.

:: 매발톱
잎은 독성이 강해 먹으면 안 된다.

:: 박새
뿌리에 강한 독성이 있어 살충제나 농약의 원료로 쓴다.

:: 피나물
식물 전체에 강한 독성이 강해 먹으면 안 된다.

:: 자리공
지역에 따라 어린순을 데쳐서 독을 우려내고 먹기도 하지만 줄기와 뿌리에는 독성이 강해 먹지 않는다.

:: 철쭉

진달래는 먹을 수 있지만, 철쭉은 독성이 강해 먹으면 안 된다.

:: 애기똥풀

한방에서 식물 전체를 위장염과 웨궤양으로 인한 복부 통증·이질·황달형간염·피부궤양·결핵·옴·버짐에 다른 약재와 쓴다.

:: 여로

한방에서 식물 전체를 약재로 쓴다. 독성이 강해 나물로 먹으면 안 된다.

:: 애기나리

지역에 따라 어린순을 우려내어 먹는 곳도 있지만, 줄기와 뿌리에 강한 독이 있어 나물로 먹으면 안 된다.

:: 옻나무

옻을 만지면 살갗이 가렵고 염증이 생긴다. 닭을 삶을 때 넣어 먹기도 하지만, 옻나무 종류는 독성이 강해 먹으면 안 된다.

:: 상사화

식물 전체에 독성이 강해 먹으면 안 된다.

:: 은방울꽃

한방에서 강심·이뇨·심장 쇠약·부종·타박상에 다른 약재와 쓴다.

:: 현호색

한방에서는 덩이줄기를 다른 약재와 쓴다. 독성이 강해 먹으면 안 된다.

:: 할미꽃

식물 전체에 독성이 있어 나물로 먹으면 안 된다. 한방에서 뿌리를 다른 약재와 쓴다.

:: 개감수

자르면 흰 즙이 나온다. 독성이 강해 먹으면 안 된다.

:: 갯메꽃

지역에 따라 어린순을 나물로 먹기도 하지만, 뿌리에 강한 독성이 있어 먹으면 안 된다.

:: 꿩의바람꽃
독성이 강해 먹으면 안 된다.

:: 독말풀
조선 시대 사약의 한 재료로 썼다. 독성이 강해 먹으면 안 된다.

:: 등대풀
줄기를 자르면 흰 즙이 나온다. 독이 강해 먹으면 안 된다.

:: 미치광이풀
뿌리줄기에 히오시아민과 스코폴라민이 들어 있어 독성이 강하여 진통제와 진정제의 원료로 쓴다. 한방에서 뿌리줄기를 알코올 중독으로 인한 수전증·중기·옴·버짐에 다른 약재와 쓴다.

:: 매미꽃
줄기나 잎을 자르면 피나물처럼 붉은즙이 나온다. 독성이 강해 먹으면 안 된다.

:: 모데미풀
독성이 강해 먹으면 안 된다.

:: 반하
조선 시대 사약의 한 재료로 썼다. 한방에서는 가래를 삭이는 약재로 쓴다. 독성이 강해 나물로 먹으면 안 된다.

:: 산자고
지역에 따라 어린순을 데쳐서 충분히 우려내고 먹는 곳도 있지만, 독성이 강해 먹으면 안 된다.

:: 연영초
잎이 커서 쌈으로 먹을 수 있는 것 같지만, 독성이 강해 먹으면 안 된다.

:: 앉은부채
독성이 강해 먹으면 안 된다.

:: 삿갓나물
한방에서 뿌리줄기를 천식·종기·만성기관지염·외상 출혈과 어혈성 통증에 다른 약재와 쓴다.

:: 요강나물
이름에 '나물'이 있지만, 독성이 강해 먹으면 안 된다.

:: 윤판나물
지역에 따라 어린순을 충분히 우려내고 데쳐서 먹는 곳도 있지만, 둥굴레와 비슷하지만 독성이 강해 먹으면 안 된다.

:: 족도리풀
식물 전체에 독성이 강해 먹으면 안 된다.

:: 진범
한방에서 뿌리 말린 것을 거풍 · 진통 · 이뇨 · 관절염 · 경련 · 황달 · 소변이 안 나올 때 다른 약재와 쓴다.

:: 천남성
한방에서 중풍, 반신불수 · 상풍 · 종기에 다른 약재와 쓴다.

:: 파리풀
벌레에 물렸을 때 이 파리풀을 뜯어 짓찧어 붙여 해독을 할 정도로 독성이 강해 먹으면 안 된다.

:: 투구꽃
조선 시대 사약의 한 재료로 쓸 정도로 독성이 강해 먹으면 안 된다.

:: 한계령풀
독성이 강해 먹으면 안 된다.

:: 홀아비바람꽃
바람꽃 종류는 독성이 강해 먹으면 안 된다.

한방 용어

- **기체**(氣滯) : 체내의 기(氣)의 운행이 순조롭지 못하여 어느 한 부위에 정체되어 막히는 병리 현상을 말함
- **강장**(强壯) : 몸이 건강하고 정기가 충만한 상태
- **거담**(去痰) : 가래를 없어지게 함
- **고**(膏) : 환부에 바르는 약
- **구갈**(口渴) : 목마름
- **구안와사**(口眼喎斜) : 입이 돌아가는 증상
- **구충**(驅蟲) : 회충이나 조충 등을 제거하는 것
- **담음**(痰飮) : 수독(水毒)으로 체액이 쌓여 있는 상태
- **도한**(盜汗) : 밤에 식은땀을 흘리는 것
- **백대**(白帶) : 흰 대하
- **번갈**(煩渴) : 심한 목마름
- **번열**(煩熱) : 가슴이 뜨겁고 열감이 있는 것
- **번조**(煩燥) : 가슴 속이 화끈 거리는 것
- **비육**(鼻衄) : 코피
- **비색**(鼻塞) : 코피가 나는 증상
- **복만**(服滿) : 복부가 더부룩한 것
- **복창**(腹脹) : 소화 불량으로 배가 팽창한 것
- **부종**(浮腫) : 몸이 붓는 병
- **설사**(泄瀉) : 변을 볼 때 물이 쏟아지는 것처럼 묽게 나오는 것
- **사하**(瀉下) : 변이 설사하는 것같이 쏟아져 내림
- **상풍**(傷風) : 풍사(風邪)에 상(傷)하게 되어 발생하는 것
- **소갈**(消渴) : 목이 말라 물이 자꾸 먹히는 당뇨병
- **소염**(消炎) : 염증을 가라앉히고 부종(浮腫)을 빼주는 것
- **수기**(水氣) : 수액(水液)이 체내에 정체되어 생기는 병
- **수렴**(收斂) : 조직세포를 죄어 주는 것

- **습진**(濕疹) : 살갗에 생기는 진물이 나오는 염증
- **식적**(食積) : 음식이 소화되지 않고 위장에 머물러 있는 것
- **식체**(食滯) : 먹는 것이 잘 내리지 아니하는 병
- **심계항진**(心悸亢進) : 심장 박동이 빠르고 몹시 두근거리는 것
- **어열**(瘀熱) : 열이 몸 밖으로 발산되지 못하고 몸 속에 머물러 있는 것
- **어혈**(瘀血) : 피가 몸 속에 머물러 있는 것
- **오로**(五勞) : 심노(心怒)·간노(肝怒)·비노(脾怒)·폐노(肺怒)·신노(腎怒) 등 오장(五臟)에 손상이 생기는 질병을 말함
- **오열**(五熱) : 열이 나는 것
- **오한**(惡寒) : 몸이 오싹오싹 한기(寒氣)가 드는 것
- **요배통**(腰背痛) : 허리 통증
- **온열**(溫熱) : 병인으로써 온사(溫邪)를 말함
- **옹**(癰) : 빨갛게 부어 오르고 열과 통증을 동반하고 고름이 들어 있는 종기
- **옹종**(癰腫) : 조그마한 부스럼
- **위기**(胃氣) : 위의 기능을 작용시키는 원기(元氣)
- **위내정수**(胃內停水) : 위에 물이 흔들리는 것
- **위허**(胃虛) : 위가 약해진것
- **육부**(六腑) : 담(膽)·소장(小腸)·위(胃)·대장(大腸)·방광(膀胱)·삼초(三焦)
- **육장**(六臟) : 간(肝)·심(心)·비(脾)·폐(肺)·신(腎)·심포(心包)
- **육음**(六陰) : 풍(風)·한(寒)·서(暑)·습(濕)·조(燥)·화(火)로 병사를 총칭함
- **울화**(鬱火) : 일반적으로 양기가 뭉치고 적체되어 나타나는 장부내열의 증상을 말함
- **음**(飮) : 색이 엷고 맑은 것
- **이뇨**(利尿) : 소변이 잘 나오게 하고 부종을 제거
- **이수**(利水) : 약물을 섭취하여 이뇨(利尿)를 유도하는 것
- **자양강장**(滋養强壯) : 몸에 영양을 주고 기력을 왕성하게 함
- **자한**(自汗) : 낮에 땀이 나는 것
- **전광**(癲狂) : 미친 상태
- **절**(癤) : 부스럼의 일종인 창(瘡)으로 3센티미터 이하인 것

- **정기**(正氣) : 생명기능의 총칭
- **종창**(腫脹) : 부기, 팽만감 증상의 총칭
- **증**(證) : 몸에 나타나는 여러 가지 증상
- **지갈**(止渴) : 목마름을 해소시키는 것
- **지혈**(止血) : 피가 나는 것을 멈추게 함
- **진경**(鎭痙) : 내장 등의 경련을 진정시킴
- **진토**(鎭吐) : 구역질이나 구토를 멈추게 함
- **진통**(鎭痛) : 통증을 가라앉힘
- **지사**(止瀉) : 설사를 멈추게 하는 것
- **진해**(鎭咳) : 기침을 진정시키는 것
- **창독**(瘡毒) : 부스럼의 독기
- **창종**(瘡腫) : 온갖 부스럼
- **청열**(淸熱) : 내열(內熱)의 증상을 완화시킨다는 의미로 해열(解熱)과는 다르다.
- **칠상**(七傷) : 일곱 종류의 과로로 인한 병인
- **칠정**(七情) : 희(喜)·노(怒)·우(憂)·사(思)·비(悲)·공(恐)·경(驚) 등의 정신 정서 변화의 일곱 종류의 표현을 말함
- **토하**(吐下) : 구토(嘔吐)와 하리(下痢 : 설사)를 말한다.
- **통경**(通經) : 월경이 막혀 나오지 않는 것이 소통하게 되는 것
- **통풍**(痛風) : 요산의 배설이 원활치 않아서 체 내에 축적되어 통증을 유발하는 것
- **표**(表) : 몸의 표면
- **풍열**(風熱) : 감기로 열이 나는 것
- **풍한**(風寒) : 풍과 한이 결합된 병사를 말함
- **하리**(下痢) : 장관의 운동이 촉진되어 설사하는 것
- **한**(寒) : 혈액 순환과 신진 대사가 좋지 않아 수족(手足)이 냉한 상태
- **황달**(黃疸) : 간의 병에 의하여 쓸개진의 노란색의 색소가 피로 옮겨 감으로써 생기는 병
- **해수**(咳嗽) : 기침
- **흉통**(胸痛) : 가슴에 통증이 있는 증상

한국의 자연 약술
The Medicinal Wine of Korea

초판 1쇄 인쇄 2014년 12월 10일
초판 1쇄 발행 2014년 12월 20일

글·사진 자연을 담는 사람들
펴낸곳 아이템북스
펴낸이 박효완

출판등록 2001년 8월 7일 제2-3387호
주　　소 121-896 서울특별시 마포구 서교동 444-15
전　　화 02-332-4327
팩　　스 02-3141-4347

* 파본이나 잘못된 책은 교환해 드립니다.